COORDENAÇÃO PEDAGÓGICA

SABERES, COMPETÊNCIAS & HABILIDADES

IVANILSO S. DA SILVA

COORDENAÇÃO PEDAGÓGICA

SABERES, COMPETÊNCIAS & HABILIDADES

Freitas Bastos Editora

Copyright © 2024 by Ivanilso S. da Silva

Todos os direitos reservados e protegidos pela Lei 9.610, de 19.2.1998. É proibida a reprodução total ou parcial, por quaisquer meios, bem como a produção de apostilas, sem autorização prévia, por escrito, da Editora.

Direitos exclusivos da edição e distribuição em língua portuguesa:
Maria Augusta Delgado Livraria, Distribuidora e Editora

Direção Editorial: Isaac D. Abulafia
Gerência Editorial: Marisol Soto
Copidesque e revisão: Doralice Daiana da Silva
Diagramação e Capa: Madalena Araújo

Dados Internacionais de Catalogação na Publicação (CIP) de acordo com ISBD

S586c	Silva, Ivanilso S. da
	Coordenação Pedagógica: saberes, competências & habilidades / Ivanilso S. da Silva. - Rio de Janeiro, RJ : Freitas Bastos, 2024.
	112 p. ; 15,5cm x 23cm.
	ISBN: 978-65-5675-426-0
	1. Educação. 2. Coordenação Pedagógica. I. Título.
	CDD 370
2024-2516	CDU 37

Elaborado por Vagner Rodolfo da Silva - CRB-8/9410

Índice para catálogo sistemático:
1. Educação 370
2. Educação 37

Freitas Bastos Editora
atendimento@freitasbastos.com
www.freitasbastos.com

SUMÁRIO

1 ARTICULANDO CONCEITOS 7
2 PRECEDENTES DA FUNÇÃO COORDENATIVA 11
    2.1 Aspectos organizativos da escola e do trabalho pedagógico 12
    2.2 Da Supervisão à Coordenação 18
3 A COORDENAÇÃO PEDAGÓGICA HOJE 23
4 ADMINISTRAÇÃO, GESTÃO E COORDENAÇÃO 29
5 SABERES, COMPETÊNCIAS E HABILIDADES 37
6 ARTICULAR E LIDERAR 43
7 DIALOGAR E PLANEJAR 53
8 ARTICULAR A AUTOFORMAÇÃO COLETIVA 59
9 PARTICIPAÇÃO E RELAÇÃO COM AS FAMÍLIAS 67
10 GESTÃO DO COTIDIANO ESCOLAR 75
    10.1 Tempo, tempo, tempo, tempo (…) 77
    10.2 As vivências como objetos de aprendizagens 81
11 RESPEITO E VALORIZAÇÃO DA DIVERSIDADE 87
12 A TECNOLOGIA NA ESCOLA EM FAVOR DA APRENDIZAGEM 97
    REFERÊNCIAS 103

1 ARTICULANDO CONCEITOS

Quantos objetos você tem por perto enquanto inicia este livro? Aposto que consegue nomear todos eles, não é? É provável que consiga descrever onde eles estão em relação uns aos outros usando palavras. Por exemplo, eu posso dizer que estava sentado em uma cadeira, digitando este texto em um notebook que, por sua vez, estava sobre uma mesa.

Se você sabe o que é cadeira, mesa e notebook é bem provável que tenha imaginado esses objetos em sua mente enquanto lia sobre eles. Tais imagens devem ter ajudado a entender o que estou dizendo. Mas caso não soubesse o que eram essas coisas, eu poderia te explicar que uma cadeira é um assento apoiado por quatro hastes que chamamos de pernas e um encosto. Uma finalidade original das cadeiras é servirem para que possamos nos sentar sobre elas. Esta descrição reflete um pouco do esforço de construir uma definição e da finalidade do objeto.

Bem, como nossa linguagem verbal (falada ou escrita) e não verbal são limitadas diante da complexidade do mundo, precisamos compartilhar entendimentos para nos comunicarmos. Ou seja, para que eu compreenda o que você está dizendo, preciso saber do que estamos falando. Usamos palavras, como "cadeira", para identificar um objeto. No entanto, quando uma palavra não apenas nomeia algo, mas também expressa uma ideia sobre ele, estamos lidando com um conceito.

Conceitos podem ser pensamentos, ideias ou, como diz o dicionário Aurélio: "a formulação de uma ideia em palavras". Um conceito traz consigo uma definição. No contexto da Coordenação Pedagógica, há muitas palavras-conceito que podem variar de significado. Por exemplo, ao examinarmos o conceito de educação segundo Brandão (2007), percebemos que se trata de uma situação social na qual o ensino e a aprendizagem ocorrem de diversas formas, configurando um processo de trocas que às vezes acontece sem que a escola esteja envolvida. Já em Durkheim (2010), educação define-se como a influência de uma geração sobre a outra, ou seja, dos adultos sobre as crianças.

Ambos concordam que a finalidade da educação é favorecer o processo de socialização, transmissão e o compartilhamento do conhecimento e da cultura na sociedade. No entanto, a definição de Brandão não se limita a uma faixa etária nem a um tipo específico de ensino, deixando claro que a educação está presente o tempo todo e envolve todos. Por outro lado, em Durkheim, a criança é vista como o receptor das práticas educativas ao longo de toda a vida, o que confere um caráter metódico ao seu conceito de educação. Para ambos, quando há a necessidade de sistematizar, selecionar e organizar o conteúdo que será ensinado e aprendido, surge a pedagogia como uma teoria e a escola como um espaço privilegiado para a socialização do conhecimento historicamente acumulado.

Além dos conceitos acadêmicos, também podemos analisar os conceitos jurídicos. Afinal, o que dizem as leis brasileiras sobre educação? Segundo a Constituição Federal de 1988, a educação é um direito social. O artigo 205 ratifica essa definição e afirma que a finalidade da educação é o desenvolvimento pleno das pessoas, capacitando-as para o trabalho e para o exercício da cidadania.

A Lei de Diretrizes e Bases da Educação, nº 9.394/96, reforça o conceito de educação como um direito e mantém suas finalidades. No entanto, seu primeiro artigo faz uma distinção entre educação (no sentido amplo e social) e educação escolar (institucional).

Além das semelhanças e diferenças que você pode identificar entre os conceitos apresentados anteriormente, nosso objetivo até agora foi destacar a importância de relacionar nossas próprias concepções de mundo com aquelas presentes em nosso ambiente de trabalho, no dia a dia pedagógico.

Na Coordenação Pedagógica você estará imersa em diferentes concepções sobre o mundo e sobre processos de ensino: métodos pedagógicos, didática, currículo e aprendizagem, seus significados e finalidades. Lidar com essas visões será parte do seu dia a dia, e suas ações serão guiadas pela forma como você enxerga o mundo ao seu redor. Na condição de articuladores da proposta pedagógica da escola e integrante da equipe docente, precisará ter a habilidade de mobilizar a ação educativa em prol da aprendizagem coletiva de professores e estudantes.

Nos parágrafos anteriores, usamos diversas ideias que juntas começam a construir um conceito de coordenação pedagógica e apontam para suas finalidades. Então, como articuladores de conceitos, precisamos lidar com diferentes aspectos subjetivos e empíricos na e da realidade cotidiana escolar. A capacidade de realizar articulações é, simultaneamente, uma competência e um desafio. Assim como todas as questões discutidas neste livro estão postas também como competências e desafios, outras vezes enquanto competências-desafios. É um esforço de diálogo e, como tal, exige de você uma ressignificação contínua do conteúdo deste livro e uma construção própria sobre quais são as competências e desafios de realizar a coordenação do trabalho pedagógico.

Pense sobre:

» Como você definiria a função coordenativa?

» Quais as principais atribuições da coordenação pedagógica?

» Qual o objetivo da coordenação pedagógica na escola?

2 PRECEDENTES DA FUNÇÃO COORDENATIVA

Articular conceitos presentes na escola em prol de um projeto educacional que atenda aos anseios da sociedade e da comunidade escolar é uma competência, um desafio, mas também uma exigência da coordenação pedagógica.

Antes de mergulharmos ainda mais nessas dimensões, vamos entender como essa função surgiu e se desenvolveu ao longo da história da educação no Brasil.

Por volta do século XV (1401 – 1500), no surgimento do que hoje chamamos de Idade Moderna, a humanidade ocidental iniciou uma mudança significativa na concepção de "ser humano", compreendido como sujeito de consciência, ação, escolha e vontade. Foi também a partir dessa época que a filosofia moderna, centrada na razão, ganhou destaque (Toledo, 1996). A partir desse ponto, decorreram muitas transformações nos sistemas políticos, modelos econômicos, expansão territorial, ciência, industrialização e, é claro, na educação.

E por que esse contexto histórico é relevante? Primeiro, porque a matriz da concepção didática e pedagógica mais influente na educação brasileira surgiu nesse contexto: o modelo Jesuíta de educação, que decorre da Companhia de Jesus (1540). Segundo, porque, mais adiante, no século XVIII, a Primeira Revolução Industrial trará uma nova forma de organizar a produção e o trabalho. Isso também influenciou a divisão do trabalho pedagógico nas escolas, igualmente influenciado pela concepção de modernidade inaugurada lá no século XV, conforme mencionado.

Esses três aspectos – concepção de modernidade, o modelo de escola e a organização do trabalho – influenciam diretamente todas as transformações sociais vividas até hoje. Inclusive no ambiente escolar, seja na dimensão organizativa seja na divisão do trabalho pedagógico.

2.1 Aspectos organizativos da escola e do trabalho pedagógico

Em 1599 os Jesuítas apresentaram o *Ratio Studiorum*, um conjunto de normas para orientar o funcionamento de seus colégios. Segundo Franca (1952), embora não fosse um tratado pedagógico, tinha a finalidade prática de servir como manual de orientação. Nessa época, a Companhia de Jesus já estava envolvida na colonização do território brasileiro.

No manual são descritos os cargos necessários para o funcionamento dos colégios, suas funções e atribuições, conforme podemos observar na Figura 1. Gostaríamos de chamar atenção para as responsabilidades do Prefeito de Estudos, especialmente em relação aos processos didáticos e ao acompanhamento dos professores, bem como na orientação dos estudantes. Suas atribuições eram: zelar pelas regras; organizar, orientar e dirigir as aulas; orientar o professor no cumprimento de seu programa de ensino; acompanhar, ouvir, monitorar e orientar os professores; orientar e propor

Figura 1: Organograma Colégios Jesuítas segundo *Ratio Studiorum*

Fonte: Franca, 1952. Elaborada pelo autor

métodos de estudos para os estudantes; selecionar material de estudos. Dependendo do tamanho e do número de turmas, o Prefeito de Estudos poderia ter até dois auxiliares, com funções semelhantes (Franca, 1952).

É importante ressaltar a hierarquia na organização jesuíta e em suas escolas. Apesar de ser uma função voltada para a orientação, o Prefeito de Estudos exerce liderança sobre os professores. Isso é evidente em várias partes do *Ratio Studiorum*, como nas regras IV dos Professores Superiores e XI dos Professores Inferiores, que enfatizam a obediência dos professores em relação aos Prefeitos de Estudos (Franca, 1952).

No contexto brasileiro, após a expulsão dos Jesuítas, houve mudanças no sistema educacional. De acordo com Guiraldelli Jr. (2008), a ideia de oferecer educação pública em diferentes níveis foi estabelecida a partir de 1824. Nesse período, foram criadas funções administrativas, como a do Professor em Conselho, responsável pela fiscalização das escolas financiadas pelo Estado. No entanto, a responsabilidade pela administração recaía principalmente sobre os professores (Brasil, 1827; Castanha, 2013).

Com a necessidade de fiscalização da frequência dos alunos, dos professores e do número de matrículas, surgiram esforços para estabelecer um sistema mais consistente, atribuindo essa função aos municípios por meio de delegados nas províncias e nos municípios (Castanha, 2013). Em 1836 um decreto estabeleceu o regulamento de funcionamento das escolas primárias, criando o cargo de diretor, responsável pela conduta moral e disciplinar dos professores, além de orientá-los e tirar dúvidas durante as visitas às salas de aula (Castanha, 2013). É importante lembrar que, nesse período, a escola era muito diferente da nossa concepção atual. Por muito tempo, centrava-se exclusivamente no professor. Com a abertura de mais escolas, surgiram novas funções, como mencionado anteriormente.

Em 1837, com a criação do Colégio de Educação Secundária Pedro II, foi estabelecida uma equipe para as atividades administrativas, liderada pelo Reitor, Síndico ou Vice-reitor e Tesoureiro. As atividades pedagógicas eram responsabilidade dos Professores e Substitutos, e havia um Inspetor de Alunos encarregado de vigiá-los (Brasil, 1838).

Figura 2: Organograma Colégio Pedro II 1838

Fonte: Brasil, 1838. Elaborada pelo autor.

A título de ilustração, podemos comparar a organização do Colégio Pedro II com a proposta dos Jesuítas, identificando algumas influências na divisão do trabalho pedagógico (Figura 2). Olhando para o infográfico e comparando com a escola Jesuíta, surge uma pergunta interessante: Podemos encontrar semelhanças entre a estrutura organizativa do Colégio Pedro II e aquela prevista no *Ratio Studiorum* para os Colégios Jesuítas, mesmo considerando a diferença de mais de 200 anos entre os dois documentos?

No *Ratio*, destaca-se a inclusão de um cargo responsável por acompanhar e orientar didaticamente os professores, o que contrasta com o Colégio Pedro II, essa função não existia. Em vez disso, havia uma ênfase na vigilância. Os termos "vigiar", "vigilância" e "inspecionar" são mencionados muitas vezes tanto nas atribuições do vice-reitor quanto na do inspetor de alunos (Brasil, 1838).

Vale lembrar que, diferente do Colégio Pedro II, as escolas primárias funcionavam com um único professor conduzindo seus alunos. Mesmo após 1854, com a publicação do Regulamento da Instrução Primária e Secundária do Município da Corte, que recomendava o uso do método simultâneo (Brasil, 1854), e após 1885, com a aprovação do Regimento Interno das Escolas Primárias da Corte (Castanha, 2013), as funções administrativas da escola ainda eram responsabilidade do professor.

Isso é evidenciado por uma norma de 1883 que estabelecia que:

> Todo o serviço escolar é encarregado a um professor, responsável imediato pelo estabelecimento. Quando houvesse mais de 50 alunos, o professor teria um assistente; se a frequência ultrapassasse 100, seriam dois assistentes; e se atingisse 150, seriam três assistentes (Brasil, 1883 *apud* Castanha, 2013, p. 297).

A função de diretor, por exemplo, era reservada às escolas e colégios privados ou às Escolas Normais. Quanto às discussões pedagógicas, o regulamento previa a possibilidade de os professores das escolas públicas se reunirem duas vezes por ano em uma espécie de conferência pedagógica (Brasil, 1854), posteriormente chamada de Conferência Pedagógica dos Professores da Corte (Castanha, 2013).

Com a Proclamação da República e a virada do século, surgiu uma nova estratégia para as escolas: os Grupos Escolares. É interessante observar que muitas das propostas implementadas nesses grupos já haviam sido mencionadas em leis e decretos anteriores. Por exemplo, em 1892, no estado de São Paulo, já se previa a construção de prédios escolares com bibliotecas e áreas de recreação (São Paulo, 1892). Isso nos mostra que a história da educação não é tão linear como pensamos, e características marcantes podem surgir em diferentes contextos, o que nos ajuda a compreender a dinâmica da educação brasileira.

Essas mudanças foram impulsionadas pelo ideal iluminista e republicano, que valorizavam a razão como caminho para o progresso, com os princípios de igualdade, liberdade e fraternidade. Em relação à organização interna e ao pessoal necessário para o funcionamento das escolas, como nos colégios, as exigências eram semelhantes: a presença de um diretor, professores, inspetores, entre outros.

A partir da década de 1940, a função de inspetor nas escolas começou a ser substituída por uma nova função: a Orientação Educacional. As atribuições e a formação dos orientadores foram estabelecidas no capítulo IV da Lei Orgânica do Ensino Secundário (Brasil, 1942a) e na legislação relacionada ao ensino técnico (Brasil, 1942b). Nessas leis, a função de inspetor passou a ser desempenhada por agentes externos às escolas, responsáveis por fiscalizar o seu funcionamento como instituição.

Por outro lado, o orientador tinha um caráter pedagógico direcionado ao estudante. O que antes era realizado como inspeção disciplinar nas escolas passou a ter um caráter mais pedagógico, focado no aprendizado dos estudantes e no apoio ao trabalho docente. Os professores não tinham mais as funções administrativas, exceto em casos de escolas primárias isoladas (com uma única classe) ou escolas reunidas (com até quatro classes). Vale ressaltar que o trabalho do orientador mencionado anteriormente tinha como foco principal o estudante.

Percebe-se que, apesar de alguma influência da concepção Jesuíta na organização didática da escola brasileira, até a concepção da função de Orientador Educacional não havia uma função semelhante ao Prefeito de Estudos, que se concentrava no acompanhamento do trabalho dos professores.

E como seria a formação desse pessoal? No caso dos Orientadores Educacionais e Administradores Escolares, a formação seria realizada nas Escolas Normais, onde os professores primários eram capacitados por meio do curso de Administração Escolar (Brasil, 1946).

Vale ressaltar que, desde 1939, já tínhamos o curso de pedagogia como bacharelado na Faculdade de Filosofia do Brasil. Ele se tornou uma referência em todo o país pelo modelo formativo conhecido como "esquema 3 + 1" para a organização dos cursos de licenciatura e pedagogia, que incluía o estudo de Administração Escolar em seu programa (Brasil, 1939; Saviani, 2009). No entanto, para se tornar professor, o pedagogo precisava fazer uma formação complementar em Didática, que lhes permitia lecionar nas Escolas Normais.

Olhando para trás, já na década de 1940, começamos a notar a função de orientação educacional surgindo nas escolas, com foco na orientação e apoio ao desenvolvimento dos estudantes.

Apenas a partir da década de 1960 tivemos uma nova atuação no ambiente escolar: a figura do supervisor, cuja formação estava prevista na Lei de Diretrizes e Bases da Educação de 1961 (Brasil, 1961), a serem formados também nas Escolas Normais.

2.2 Da Supervisão à Coordenação

Antes de continuarmos nossa jornada pela história, você se lembra quando mencionamos o surgimento da era moderna? Naquele mesmo período, ocorreu a Revolução Industrial, que deu origem ao Taylorismo.

O Taylorismo é uma abordagem de administração racional do trabalho industrial desenvolvida por Frederick W. Taylor. Em seu livro *Princípios de Administração Científica* de 1911, o engenheiro norte-americano apresenta um modelo de administração que enfatiza a importância da técnica para superar a ineficiência. É nesse texto que encontramos a concepção inicial do que viria a ser um supervisor.

De acordo com Taylor (1966), a supervisão seria responsável pelo planejamento e verificação do trabalho realizado pelo operário bem como pela formação dos novos operários. Nas palavras do autor, o supervisor "é capaz não apenas de dizer ao trabalhador o que deve ser feito, mas também, se necessário, de executar o trabalho na presença do operário, a fim de exemplificar o melhor método de realizá-lo" (Taylor, 1966, p. 80).

Essa lógica de otimização da produção capitalista também se manifestará na educação por meio da abordagem tecnicista, que inclui a incorporação da função de supervisão nas escolas. No Brasil, essa abordagem será diretamente influenciada pela escola estadunidense, onde a supervisão (*Instructional Supervision*) surge reproduzindo a lógica de inspeção e detecção de falhas.

Somente a partir da década de 1960 é que começam a surgir abordagens mais democráticas nos Estados Unidos, como a Supervisão Clínica, que adota uma perspectiva de trabalho colaborativo e colegiado, focado na assistência ao professor em prol da melhoria do ensino (Glanz, 2018).

No entanto, embora a função de supervisão no contexto educacional seja anterior a 1960, é durante o período ditatorial brasileiro que ela será fortalecida. Segundo Lima (2001), um marco importante para o surgimento da função em nosso território foi a cooperação entre Brasil e Estados Unidos, por meio do Programa Americano-Brasileiro de Assistência ao Ensino Elementar (PABAEE) que durou de 1957 a 1963, no qual, de acordo com a autora, a ideia de inspeção foi "modernizada" para supervisão.

Nesse mesmo contexto, o supervisor passou a ser um pedagogo com especialização em supervisão, assim como ocorreu com o administrador escolar, o inspetor e o orientador educacional. Inicialmente, a supervisão tinha um caráter de controle da qualidade do ensino. Era vista como uma função puramente burocrática e supostamente neutra, mais técnica do que pedagógica, com o objetivo de garantir o controle e execução do trabalho dos professores (Alarcão, 2001).

Com o processo de democratização a partir da década de 1980, a função da supervisão foi questionada, pois refletia uma lógica contrária aos ideais democráticos. Ao ser reavaliada, deixou de ser restrita apenas às técnicas, como podemos observar em uma publicação do Ministério da Educação de 1980, que descrevia o supervisor como sendo um parceiro dos professores.

Dentre suas atribuições destacadas o supervisor deveria planejar a ação educacional junto aos professores, fornecer recursos instrucionais, acompanhar o desenvolvimento das atividades curriculares e cocurriculares, estimular a iniciativa e a criatividade, definir em conjunto a avaliação e participar da avaliação do processo e dos resultados do trabalho dos professores (Brasil, 1980). A publicação também recomendava a articulação entre supervisores e orientadores educacionais.

Seguindo essa lógica, nos anos 1990, surgiu a ideia de que a atuação pedagógica da supervisão deveria ir além das técnicas, o que se tornou ainda mais presente a partir dos anos 2000, quando se passou a entender que o papel do supervisor era auxiliar e promover a coordenação das atividades pedagógicas por meio do estudo e das práticas (Lima, 2001).

Entre 1599, com o manual dos Jesuítas, até os anos 2000 e a consolidação de uma nova concepção sobre o papel de supervisores escolares, conseguimos identificar indicadores de precedentes do que hoje chamamos coordenação pedagógica. Essa função será desenvolvida e surgirá no contexto das reformulações da formação de professores. Entre a Lei de Diretrizes e Bases da Educação – LDB de 1996 e o estabelecimento das Diretrizes Curriculares Nacionais do Curso de Pedagogia de 2006, será definida a formação e identidade da coordenação pedagógica, como veremos no próximo capítulo.

Antes disso, é importante destacar que as mudanças de concepção não acontecem por acaso, pois também ocorrem em outros campos, especialmente no campo da administração. Assim como influenciou o surgimento da supervisão na escola, a administração também influenciará a redefinição de seu papel.

Inicialmente, tínhamos uma lógica de controle burocrático dos processos e modos de produção, buscando racionalizar e otimizar as fábricas, o que também foi reproduzido dentro da escola. Agora, vivemos sob uma lógica empresarial, flexível, com ênfase no empreendedorismo e no indivíduo como centro. Esse processo caracteriza a transição da administração para a gestão (Klaus, 2016).

Dessa forma, a escola, mais uma vez, é influenciada pelo mercado, não apenas em seus objetivos, mas também em suas formas de organização. É por isso que o diretor dá lugar ao Gestor e o supervisor é substituído pelo Coordenador, além de a ideia de treinamento dar lugar à ideia de formação continuada conforme veremos mais adiante.

Pense sobre:
» O que vimos nesse capítulo sobre supervisão tem alguma relação com as respostas que você deu às perguntas do capítulo anterior?

3 A COORDENAÇÃO PEDAGÓGICA HOJE

Com a LDB de 1996 ficava estabelecido no artigo 62 que a formação do professor deveria ocorrer em cursos de licenciatura em instituições de ensino superior, sem ignorar a formação deles no nível médio em Escolas Normais para atuação na educação infantil e nos anos iniciais do ensino fundamental.

Embora tenha passado por alterações, o referido artigo continuou a considerar a possibilidade da formação em nível médio. Saviani (2009) destacou que a manutenção das Escolas Normais como formadoras de professores acaba por nivelar a formação por um padrão inferior.

Apesar desse nivelamento por baixo permitido pela LDB, as Diretrizes Curriculares Nacionais do Curso de Pedagogia Licenciatura (Resolução CNE/CP, nº 1, 2006), definem uma formação de caráter unificado para o Pedagogo, cuja base esteja na atividade docente. Isso significa que a preparação do professor para atuar na educação infantil e nos anos iniciais do ensino fundamental ocorre dentro do curso de pedagogia.

Passa-se, então, a esperar desse profissional conhecimentos sobre a escola e sua função como organização educacional, além de enfatizar a pesquisa e a análise como guias para a prática do ensino. Além disso, espera-se que o pedagogo esteja apto a participar e exercer funções gestoras.

Extingue-se, então, a formação de pedagogos e pedagogas com habilitações específicas na supervisão, orientação e administração escolar. Agora, temos um docente cuja formação permite atuar em diversas funções em instituições escolares ou não escolares, mas com foco nos processos de aprendizagem e ensino. Ao nosso ver, esse modelo de formação tem um ponto positivo: o fortalecimento da função de coordenação pedagógica, atribuída a pedagogas e pedagogos.

Embora haja diferentes atribuições entre professores e coordenadores pedagógicos na escola, a formação de base docente desses profissionais lhes proporciona melhores condições para contribuir de forma integrada no processo de aprendizagem, pois favorece a conexão entre teoria e prática, pois a função coordenativa realizada por um professor de formação torna-se mais rica. Passa a ser uma relação entre pares.

Diversos autores têm contribuído para endossar essa mudança de percepção. Por exemplo, Bruno (2001) e Mate (2012) utilizam o termo "Professor Coordenador Pedagógico" destacando essa transformação de função. Anteriormente, Rangel (1997) já mencionava o termo "educadores-supervisores", atribuindo aos supervisores um papel de coordenação e considerando essa função como própria de educadores. A autora afirma: "mesmo que se eliminasse a 'figura' do supervisor 'especialista', não se poderia prescindir da coordenação, como serviço que garanta as articulações indispensáveis ao ensino-aprendizagem" (Rangel, p. 152).

Nesse sentido, Vasconcellos (2019) aborda a função e o papel do supervisor/coordenador pedagógico, alternando entre os termos "Supervisão/Coordenação Pedagógica" e "Supervisão/Supervisor" ao longo do texto, refletindo o momento de transição de um paradigma para outro. Já Alarcão (2001) e Rangel (1997; 2001) ressaltam como características da função supervisiva/coordenativa a dimensão formativa a partir de processos interpessoais em prol do projeto pedagógico da escola. Oslon (2001) e Guimarães (2012) destacaram o papel articulador em favor do projeto pedagógico como sendo a principal característica da função coordenativa.

Podemos observar, portanto, que mesmo entre estudiosos da Supervisão Educacional nos anos 1990 e 2000 já se apontava para a necessidade de ressignificar a função supervisiva na escola, atribuindo-lhe uma nova identidade, com características, que passaram a influenciar na origem a construção da função coordenativa, cujo foco está no trabalho pedagógico.

Esse movimento nos ajuda a perceber como, em determinado momento, os conceitos e finalidades do profissional, seja ele chamado de supervisor ou coordenador, passaram a se aproximar. De um lado, podemos observar o movimento de ressignificação de uma função anteriormente vista como burocrática, a de Supervisor. Por outro lado, notamos como essa ressignificação já trazia elementos marcantes do que viria a receber um novo nome e um novo conceito, o de Coordenação Pedagógica.

Quadro 1 – Conceitos e finalidades da Coordenação Pedagógica hoje	
Coordenação pedagógica é	• Processo inter-relacional de gestão e articulação do trabalho didático-pedagógico e da prática docente em torno do Projeto Político Pedagógico da Escolar.
Tem por objetivo:	• Gerir o trabalho didático-pedagógico do corpo docente; • Estimular e fortalecer experiências formativas em serviço com o corpo docente; • Articular currículo e didática em prol da aprendizagem estudantil.
Alcançará o objetivo:	• Mediando e promovendo a formação continuada em serviço do corpo docente; • Sistematizando a aprendizagem organizacional da escola; • Mediando o trabalho didático-pedagógico do corpo docente em favor da aprendizagem dos estudantes; • Promovendo o trabalho coletivo na compreensão, (re)formulação e execução do Projeto Pedagógico da escola.

Algumas atribuições:	• Articular e mobilizar profissionais administrativos e pedagógicos da escola em torno do Projeto Político Pedagógico; • Zelar pela organização curricular e didático-pedagógica, coordenando a elaboração, seleção e definição de programas, conteúdos e materiais didáticos, além de diferentes abordagens metodológicas e estratégias avaliativas; • Coordenar o trabalho didático-pedagógico docente apoiando e orientando os processos de planejamento e avaliação do ensino, bem como os seus resultados na aprendizagem dos estudantes; • Elaborar e desenvolver Plano de Formação Continuada em Serviço, com cunho acadêmico e profissional, estimulando reflexão crítica sobre as práticas a partir das situações e demandas vivenciadas no contexto escolar.

Além de sintetizar uma definição de Coordenação Pedagógica, seus objetivos e finalidades, destacamos a seguir algumas características da identidade/perfil profissional de um coordenador pedagógico:

- É um professor de formação, e como tal integra a equipe docente da escola;
- Atua como elo entre professores, equipe administrativa, estudantes e famílias;
- Possui conhecimento e domínio de métodos e teorias de ensino e aprendizagem;
- Aplica estratégias e técnicas de planejamento para apoiar o trabalho docente;
- Articula as exigências legais com a realidade escolar, tendo como foco de seu trabalho o Projeto Político Pedagógico da Escola (PPP);
- Alinha as expectativas da comunidade escolar em torno do PPP da escola;

- Coleta e organiza dados sobre o cotidiano escolar, buscando aprimorar o trabalho pedagógico e favorecer a aprendizagem organizacional e a constante autoformação docente.

Agora sabemos que a formação desse profissional em nível de graduação ocorre no curso de licenciatura em pedagogia. A base docente dessa formação pode favorecer a atuação dos coordenadores pedagógicos, desde que eles não se considerem apenas técnicos ou especialistas, mas reconheçam que a dimensão docente está no centro de sua identidade profissional.

O coordenador é, inicialmente, um professor, e deve conduzir sua atuação nessa perspectiva. Ele é um professor **articulador e mobilizador dos processos de ensino e aprendizagem escolar**, formando-se em conjunto com a equipe no ambiente escolar, sendo referência pelos saberes, competências e habilidades aplicadas nessa articulação.

Pense sobre:
» Além das características listadas neste capítulo quais você incluiria?

4 ADMINISTRAÇÃO, GESTÃO E COORDENAÇÃO

Anteriormente mencionamos como a administração influenciou os processos de produção, resultado da revolução industrial, e como isso afetou a concepção do Supervisor Escolar. Ficou claro que a administração teve repercussões no âmbito educacional. Além disso, vimos rapidamente que existe uma mudança paradigmática entre as concepções de administração e gestão, refletindo o momento atual da nossa sociedade.

No contexto da coordenação pedagógica, destacamos que essa função está inserida na gestão escolar, o que faz do **coordenador pedagógico um gestor**. Ele é responsável por gerir grupos, a cultura, os processos e recursos didático-pedagógicos.

Nesse sentido, aprofundaremos esses debates sobre administração, gestão e coordenação no contexto da educação escolar. Nosso objetivo é compreender essa relação e identificar os aspectos relativos à ação do coordenador pedagógico enquanto integrante da equipe gestora. Um bom ponto de partida é dialogarmos sobre a conceituação, trajetória, tendências e abordagens da administração como área do conhecimento, com base nas contribuições de Chiavenato (2011) e (2021).

Embora a administração esteja geralmente associada à competitividade e à superação da concorrência, por meio do planejamento, organização de tarefas e atividades focadas em resultados, o autor destaca que a administração se desenvolveu e se consolidou devido à necessidade humana de cooperar. Segundo Chiavenato (2011), ao cooperar é possível atingir objetivos com menor tempo e esforço.

É importante mencionar que podemos fazer algumas críticas a essa ideia, começando pelo conceito de cooperação no contexto de uma sociedade dividida em classes sociais. No entanto, compreender os processos de administração como ações cooperativas coordenadas nos ajuda a estabelecer uma conexão com as discussões realizadas anteriormente sobre a função coordenativa e seu papel mobilizador.

Segundo um ponto de vista mais amplo, a tarefa básica da administração consiste em interpretar os objetivos globais propostos pela organização e transformá-los em **ação organizacional** por meio de planejamento, organização, direção e controle de todos os esforços realizados em todas as áreas e em todos os níveis organizacionais, a fim de atingir tais objetivos da melhor maneira possível.

Desse modo, a administração é o processo de **planejar, organizar, dirigir e controlar a aplicação** das competências e o uso dos **recursos organizacionais** para alcançar determinados objetivos de maneira eficiente e eficaz (Chiavenato, 2011 – **Grifos nossos**). A descrição da concepção de uma organização é relevante para o contexto educacional, de um modo geral, e especificamente para o contexto escolar. Podemos perceber como os elementos da administração estão presentes no cotidiano das escolas.

Assim como em qualquer organização, as escolas têm objetivos que orientam suas ações e atividades que devem estar sistematizados no PPP. As instituições escolares devem buscar se mover em direção a esses objetivos, dedicando-se às suas atividades fins: aprendizagem e desenvolvimento humano e social.

Além disso, as escolas possuem diretrizes a serem seguidas e contam com pessoas que, se espera, estejam alinhadas com os propósitos. Nada disso é estanque. Parado no tempo e no espaço, mas dinâmico, fluído e em constante disputa. A aplicação e desenvolvimento de processos eficientes também são fundamentais para o sucesso na consecução dos objetivos educacionais. As escolas utilizam recursos financeiros, materiais, tecnológicos, informacionais, entre outros, de maneira adequada para alcançar os resultados desejados.

Para que não haja dúvida, enfatizamos que o conceito de eficiência deve ser ressignificado, pois no contexto educacional, o tempo e os percursos são elementos essenciais; não existe um resultado definitivo. São sempre resultados em processo. É dentro deste paradigma que a palavra eficiência deve ganhar outros sentidos.

De acordo com Chiavenato (2011), a administração se dá em três níveis organizacionais: institucional, intermediário e operacional. O primeiro corresponde ao campo estratégico, no qual os desafios são mais abrangentes e complexos. Nesse nível, a preocupação central é a adaptação da organização ao ambiente em que está inserida. Podemos chamá-lo também de nível estratégico. Já no nível intermediário, por sua vez, os desafios e problemas são mais gerenciais. Nesse nível, as pessoas estão focadas na coordenação do trabalho realizado no nível operacional. O nível operacional é onde ocorre a realização cotidiana das tarefas. Essa forma de descrever a concepção de uma organização é relevante para o contexto educacional, pois as escolas também enfrentam desafios e questões estratégicas, gerenciais e operacionais.

A gestão educacional abrange esses diferentes níveis e requer a coordenação e integração de esforços em busca dos objetivos educacionais. No entanto, é importante ressaltar que o contexto educacional possui características específicas e particularidades que devem ser consideradas na aplicação desses conceitos e modelos de administração.

De fato, a concepção de organização apresentada anteriormente está fortemente relacionada à lógica empresarial e não se adequa à realidade da educação e das escolas. A divisão em níveis organizacionais pode ser vista como uma simplificação que não contempla a complexidade e interconexão das atividades educacionais.

Na educação, especialmente no âmbito escolar, a dimensão estratégica está presente em diferentes níveis. Não podemos limitar a formulação e significação de diretrizes apenas às secretarias de educação, por exemplo. Nas escolas também ocorre a elaboração de estratégias e diretrizes pedagógicas, adaptadas às necessidades e características específicas dos alunos e da comunidade escolar. Os professores e demais profissionais da educação participam desse processo, contribuindo para a definição dos rumos e objetivos educacionais.

Da mesma forma, ao considerarmos o trabalho docente, não podemos reduzi-lo apenas à dimensão operacional. Os professores desempenham um papel fundamental na formulação e ressignificação das estratégias pedagógicas, na criação de planos de ensino, na adaptação dos conteúdos às necessidades dos alunos e na avaliação do processo educativo. Suas práticas pedagógicas envolvem aspectos estratégicos e administrativos, além da execução das atividades em sala de aula. Portanto, no campo educacional e no contexto escolar, as funções e tarefas apresentam múltiplas dimensões, envolvendo aspectos estratégicos, administrativos e operacionais.

É importante reconhecer que a administração é uma área do conhecimento presente no contexto educacional brasileiro desde o período colonial, sendo influenciada por diferentes abordagens e paradigmas administrativos ao longo do tempo. No entanto, é necessário refletir e ressignificar essas abordagens, adaptando-as à realidade educacional e considerando as especificidades da educação.

A gestão educacional deve incorporar uma perspectiva pedagógica, valorizando a participação dos profissionais da educação, a construção coletiva de diretrizes e o foco no desenvolvimento integral dos alunos. A interação entre a administração e a pedagogia é fundamental para uma gestão efetiva e comprometida com a qualidade da educação.

A abordagem proposta por Sander (2007) destaca quatro paradigmas brasileiros para pensar a Administração da Educação no período contemporâneo. Cada um deles apresenta uma perspectiva específica sobre a administração educacional e suas práticas. São eles:

1. Administração da Educação como processo político: nessa abordagem, a administração é entendida como um processo político, voltado para a tomada de decisões e ação coletiva no contexto educacional. O enfoque está na participação política dos diferentes atores envolvidos na gestão educacional.

2. Administração da educação como prática social: nesse paradigma, a administração é vista como uma prática social, relacionada às interações e relações estabelecidas no ambiente educacional. Valoriza-se a dimensão social da educação e busca-se compreender como as práticas administrativas afetam a realidade escolar.

3. Ato educativo como prática política e social: essa abordagem enfatiza a dimensão política e social do ato educativo, ou seja, como as práticas administrativas influenciam a construção do conhecimento, a formação dos sujeitos e a transformação da sociedade.

4. Administração da educação como processo democrático: essa última abordagem destaca a importância da gestão

democrática da escola, com a participação ativa de todos os segmentos da comunidade escolar na tomada de decisões e no planejamento das ações educacionais.

É importante ressaltar que esses paradigmas não devem ser vistos isoladamente, pois cada um deles traz contribuições e perspectivas diferentes para a administração educacional. Sander (2007) propõe uma visão multidimensional e articulada da administração: econômica, pedagógica, política e cultural.

Segundo o autor, os gestores educacionais devem atuar em um paradigma multidimensional, levando em conta todos esses aspectos na sua prática. Além disso, defende a importância de incluir essas dimensões na formação de professores e gestores educacionais, para que possam desenvolver uma visão abrangente e integrada da administração da educação.

Mais recentemente, contudo, emergiu o paradigma da gestão na educação que enfatiza exclusivamente os mecanismos da gestão empresarial adotando uma abordagem gerencialista. E este paradigma desvirtua a escola como um lugar de garantia de direitos e favorecer uma cultura escolar excessivamente preocupada com a regulação externa e os resultados expressos por meio de avaliações externas.

Muitas redes de ensino têm adotado essa abordagem gerencialista, que desloca o sujeito da educação do lugar de sujeito de direito para a posição de cliente e coloca um foco excessivo nos resultados quantitativos. Isso pode comprometer a visão da escola como um espaço de promoção da aprendizagem, formação integral dos estudantes e desenvolvimento de uma cidadania crítica e participativa.

Por outro lado, algumas autoras, como Luck (2011), veem esse processo como um movimento de evolução e um esforço para promover a melhoria do ensino brasileiro. Elas defendem a importância da gestão descentralizada e não hierarquizada, que valoriza a percepção e a compreensão da globalidade e complexidade do contexto escolar, demandando ações concebidas e assumidas coletivamente.

Em síntese, a concepção de gestão não deve substituir a de administração, mas sim utilizá-la como um campo de conhecimento fundamental para os processos de gestão. Enquanto a administração é vista como uma ação fragmentada e hierarquizada, a gestão se diferenciaria por buscar uma visão globalizada, descentralizada e participativa.

Esses elementos fundamentam a compreensão do Coordenador Pedagógico como um profissional que integra a equipe gestora sem a pretensão de substituir a direção/administradção escolar. A gestão deve ser compartilhada por todos, cada um atuando em diferentes pontos, mas de forma complementar e interdependente e, o mais importante, desde uma perspectiva crítica e ressignificativa.

Portanto, a ação do coordenador pedagógico deve considerar a consolidação de uma unidade coletiva. A gestão não pode se restringir apenas ao aspecto pedagógico, administrativo, político ou cultural, mas sim integrar todas essas dimensões. O trabalho coordenativo permeia todas essas dimensões na interação e mobilização conjunta entre equipe gestora, professores, estudantes e suas famílias em torno do projeto de escola e sociedade que se almeja construir ou fortalecer.

5 SABERES, COMPETÊNCIAS E HABILIDADES

Estamos progredindo cada vez mais na compreensão do papel do coordenador pedagógico, não é mesmo? Desde sua trajetória histórica até a definição de sua formação e perfil profissional. Agora, vamos estruturar nossas ideias em três frentes correlacionadas: competências exigidas, saberes mobilizados e habilidades requeridas para desempenhar essa função.

Segundo Vasconcellos (2019) a função coordenativa requer dois tipos de condições, interligadas, para que o trabalho do coordenador aconteça. São elas: as condições subjetivas e as condições objetivas. Aqui entendemos competência como algo do campo subjetivo. Ou seja, algo que não é tangível, físico ou visível em si mesmo, mas que pode ser percebido na prática por meio da resolução de problemas reais, sejam estes problemas previstos ou não.

As condições subjetivas estão organizadas em três dimensões, de acordo com o mesmo autor: **conceitual**, que envolve o conjunto de conhecimentos esperados de um coordenador pedagógico; **procedimental**, relacionado às ações e execução das atividades, ou seja, o que fazer e como fazer; e **atitudinal**, ou seja, as posturas esperadas de coordenadores (Vasconcelos, 2019).

É a partir das situações cotidianas, que se dão em condições objetivas, enfrentadas no exercício de nossas atividades profissionais que podemos identificar e demonstrar nossas competências. Estas, por sua vez, tornam-se perceptíveis pela forma como lidamos com tais situações.

Certamente, os conhecimentos, procedimentos e atitudes dos profissionais têm origem em sua própria história e individualidade. Cada pessoa tem uma trajetória única e, mesmo quando enfrentam situações semelhantes, podem atribuir significados diferentes às suas experiências. Isso significa que uma formação comum nem sempre resultará em profissionais com conhecimentos idênticos, pois a forma como cada um interpreta esses conhecimentos é bastante pessoal e particular. Por isso, essa ligação com o subjetivo é tão importante.

É importante destacar que nossas trajetórias individuais são moldadas pelo contexto de vida no qual estamos inseridos e pelos quais somos atravessados, como nosso pertencimento a diferentes grupos sociais, sejam eles étnico-raciais ou econômicos, por exemplo. Esses aspectos influenciam nossa subjetividade e a maneira como nos relacionamos com o mundo. No entanto, é importante ressaltar que nossa subjetividade não é fixa e imutável. Sempre podemos aprender e reinterpretar conceitos, procedimentos e atitudes, pois esses são os alicerces das competências profissionais.

Perrenoud (2014) conceitua competência como a "capacidade" de mobilizar diversos conhecimentos e habilidades para lidar com uma determinada situação. Identificar competências pode não ser tão simples, concorda? Para nos ajudar, o autor propõe que pensemos em uma tarefa ou problema específico relacionado à nossa área de atuação. Essa tarefa exigirá competências para ser executada e podemos nos considerar competentes se conseguirmos mobilizar os conhecimentos, habilidades e atitudes adequadas para realizar a tarefa com sucesso.

Figura 3: Esquema para identificar competências, habilidades e conhecimentos

Tarefa: Formação da Equipe Docente		
Competência(s)	**Habilidade(s)**	**Conhecimento(s)**
Ser capaz de promover situações de estudos	Organização, Criatividade Liderança (...)	Fundamentos de Andragogia

Fonte: Elaborada pelo autor.

No esquema podemos visualizar essa proposta do autor de pensar em um problema ou tarefa da prática profissional. Neste caso, escolhemos a formação de professores como uma tarefa relacionada à coordenação pedagógica. Para essa tarefa, uma das competências necessárias à sua realização traduz-se como ser capaz de promover situações de estudo e aprendizagem. A cada competência associa-se um conjunto de habilidades e conhecimentos.

Destacamos no esquema um conhecimento essencial, pois sem ele qualquer tentativa de educação com adultos pode fracassar. Os fundamentos da andragogia abordam as formas como os adultos aprendem, o que os motiva a aprender e como podemos estimular o interesse pela aprendizagem. Com certeza, conhecer os fundamentos da andragogia é o começo do processo para resolver essa tarefa, pois é apenas um dos conhecimentos exigidos para realizá-la.

Nesse sentido, seria necessário também colocar em prática algumas habilidades essenciais. Por exemplo, se minha tarefa é a formação contínua dos professores da escola, eu preciso promover situações de estudo. Para isso, é preciso ter conhecimento sobre educação de adultos e habilidade para criar/conceber situações de estudo, organizar estas situações em si, selecionando e organizando recursos didáticos a serem utilizados nesse processo, mas também sistematizar a experiência em um programa de formação, o que demanda habilidade de escrita de projetos/programas (o que por si já demanda outro conjunto de conhecimentos), além da habilidade de liderar, sem a qual a tarefa não se realiza.

Além das habilidades, é crucial ter atitudes condizentes com a competência no momento de realizar a tarefa. Se pensarmos apenas na competência de promover situações de estudo e imaginarmos que isso resultará em reuniões de estudo, onde os conhecimentos e habilidades do coordenador serão testados, que atitudes e posturas esperaríamos desse profissional? Podemos mencionar, por exemplo, a importância de uma escuta atenta, ativa e respeitosa diante das diferentes compreensões presentes nas reuniões. E você, acrescentaria quais outras atitudes?

Para recapitular, cada competência requer a mobilização de um conjunto de conhecimentos, habilidades, que podemos associar à dimensão conceitual e procedimental, respectivamente. Além disso, faz-se necessário desenvolver e exercitar atitudes condizentes com as competências.

Dito isso, podemos resumir nosso diálogo sobre competências enfatizando que: não há competência sem um sólido e profundo conhecimento que a sustente. É a nossa capacidade de utilizar os conhecimentos, colocar em prática nossas habilidades e atitudes na realização de uma determinada tarefa ou na resolução de problemas do nosso cotidiano profissional o que define e constitui nossa competência em lidar com eles, ajudando-nos a avaliar o quão satisfatoriamente estamos desempenhando nosso trabalho.

Pensando nos professores, Perrenoud (2014) apresenta um conjunto de dez competências, das quais gostaríamos de destacar quatro como fundamentais para os professores/pedagogos na função coordenativa: **trabalho em equipe, utilização de novas tecnologias, enfrentamento de deveres e dilemas éticos da profissão, e administração da própria formação contínua.**

Além dessas, revisitando o tópico anterior sobre a formação do coordenador pedagógico, podemos fazer um exercício de identificar, de forma provisória e ilustrativa, outras competências exigidas ou esperadas do pedagogo nessa função. Além de promover situações de estudo, poderíamos mencionar a capacidade de orientar o planejamento pedagógico, de envolver os professores na concepção do Projeto Político Pedagógico, conceber estratégias que articulem currículos, métodos e avaliações, promover a relação escola-família-comunidade e produzir e difundir conhecimento a partir da realidade escolar.

> Agora é sua vez de exercitar. Pense em uma tarefa ou problema típico do cotidiano escolar e liste uma competência, uma habilidade e um conhecimento necessário para enfrentá-los.

6 ARTICULAR E LIDERAR

A efetivação e a concretização do direito à educação acontecem no dia a dia da escola, por meio das ações dos profissionais. A partir desse ponto, vamos explorar a atuação da Coordenação Pedagógica em três aspectos fundamentais: liderança, planejamento e promoção da formação docente. Essa última é fundamental para contribuir com a qualidade do ensino e da aprendizagem, que são direitos essenciais.

É importante compreendermos a dimensão inter-relacional e dialógica do trabalho educacional, que é o centro do trabalho coletivo, do qual a coordenação pedagógica faz parte. A tarefa do coordenador é estimular e garantir o caráter coletivo, cooperativo e colaborativo desse trabalho.

Quando falamos em liderança pedagógica destacamos a importância de reconhecer que a **legitimidade** desse papel está relacionada ao domínio e conhecimento da área de atuação, não à formalidade do cargo. No entanto, o reconhecimento não deve ser utilizado para estabelecer relações de dominação, mas sim para criar situações de aprendizagem contínua. Como membro da equipe gestora da escola, é crucial que a liderança do coordenador esteja voltada para o campo didático-pedagógico, que abrange o currículo, a didática, os processos avaliativos, o ensino e a aprendizagem e as relações interpessoais necessárias e inerentes desse campo.

Para pensarmos liderança e a articulação como papéis e tarefas da coordenação pedagógica, é importante enfatizar algo óbvio: tanto o papel (líder e articulador) quanto à função (coordenador) só existem dentro de um contexto institucional que envolve a legislação e as expectativas sociais em relação à educação.

Além disso, papéis e funções se manifestam dentro de um contexto organizacional específico, por exemplo, a escola, e no micro contexto dos grupos, onde os papéis são desempenhados e as funções executadas. É especificamente nesse micro contexto que os papéis de liderança e articulação devem se desenvolver.

Segundo Amaral (2007), os grupos são compostos por indivíduos que interagem entre si, seguindo normas comuns. Essas normas podem ser institucionais, organizacionais, culturais ou comportamentais. Além disso, para que um grupo seja formado, essa interação precisa estar voltada para objetivos comuns, e não apenas em razão das normas serem comuns. Portanto, interação, normas e objetivos comuns são os elementos fundamentais que caracterizam um grupo.

Se pensarmos nos professores de uma escola, podemos dizer, imediatamente, que eles compõem um grupo, pois interagem entre si sob um mesmo conjunto de normas. No entanto, se não compartilham de um objetivo comum, não poderíamos considerá-los como integrantes de um grupo.

Para entendermos melhor essa perspectiva, Amaral (2007) destaca quatro aspectos que somados à interação sob normas comuns em torno de um mesmo objetivo, consolidam a dinâmica ou processo grupal: coesão, padrões, motivações e objetivos, e liderança.

De acordo com a autora, a **coesão** está relacionada à adesão e fidelidade dos indivíduos ao grupo, o que pode ser observado, entre outros aspectos, por meio da unidade de ação dos seus membros. Tal unidade liga-se diretamente aos **padrões** de comportamento construídos e esperados pelos membros do grupo.

A coesão e os padrões de comportamento são reforçados pelas **motivações e objetivos** individuais que levam as pessoas a interagirem entre si enquanto grupo. Embora as motivações possam ser individuais, elas devem ter algo em comum e estarem alinhadas com os objetivos do grupo.

Por fim, a **liderança** é considerada um aspecto fundamental na formação do grupo, pois a habilidade do líder em motivar e influenciar a equipe afeta a atmosfera grupal. O grupo pode se desenvolver em um clima democrático, autoritário ou descontraído, dependendo da vocação dele e das lideranças que a promovem.

Portanto, para ser considerado parte de um grupo, é necessário mais do que estar sujeito às mesmas normas e interagir entre si. É essencial compartilhar objetivos e construir uma identidade coletiva. No caso dos professores do nosso exemplo, para que sejam considerados um grupo demanda não apenas estarem sujeitos às interações e às mesmas normas da escola, mas também que compartilhem objetivos e construam uma identidade coletiva.

A coesão, os padrões, as motivações, os objetivos e as lideranças desempenham um papel importante nesse processo de consolidação do grupo e na sua dinâmica de funcionamento. Você reparou que falamos de lideranças e não apenas em liderança, no singular? Pois é! Podem existir múltiplos líderes dentro de um mesmo grupo.

Vamos considerar a chegada de um novo coordenador pedagógico na escola. Ele ou ela vai encontrar uma equipe já formada e, ao interagir com essa equipe, pode perceber a sua subdivisão em diferentes grupos, além de identificar, nesse processo, colegas que já desempenham o papel de liderança, influenciando e motivando outros membros, em diferentes âmbitos.

O primeiro desafio desse novo profissional será a sua própria inserção como parte do grupo já existente; depois seria necessário trabalhar na construção de um novo grupo que inclua todos os professores, construindo coesão e, nesse movimento, ainda teria que buscar ser legitimado como liderança didático-pedagógica. Nesse sentido, Souza (2001) elenca cinco tipos de papéis que podem ser desenvolvidos por mais de uma pessoa na conformação de grupos: os silenciosos, o líder de mudança, o líder de resistência, o bode expiatório e o porta-voz.

Além dos diferentes papéis assumidos pelos indivíduos no grupo, existem três tipos clássicos de liderança, atribuídos ao desenvolvimento dos estudos de psicologia social de Kurt Lewin (1890 – 1974). São eles: **liderança autocrática**, centralizada e baseada no comando; **liderança democrática**, descentralizada e participativa; e **liderança liberal** ou *laissez-faire*, que se traduziria como "deixa pra lá ou deixa acontecer", uma postura permissiva e, às vezes, ausente (Amaral, 2007) (Regato, 2014).

> Uma breve provocação sobre esta última: será que uma liderança ausente e permissiva pode ser considerada uma liderança?

Independentemente do perfil, o exercício da liderança ocorre com base no reconhecimento e identificação por parte dos membros do grupo em relação à postura do líder. Este reconhecimento, e não necessariamente a formalidade de um cargo ou função, dará credibilidade à liderança.

Portanto, não é apenas a posição institucional ou estatutária de líder e membro da equipe gestora da escola que tornará o coordenador um líder. Essa relação precisa ser construída e legitimada pelo grupo, ou seja, reconhecida. Trata-se de um processo de validação.

A posição institucional de um coordenador pedagógico é do campo da gestão. Ele é um membro da equipe gestora e como tal deve ter conhecimento técnico-profissional da área de atuação para assumir a função, estando apto a responder tanto pela condução do planejamento quanto das operações pertinentes.

Liderança, nos termos anteriormente descritos, é considerada como uma competência interpessoal centrada na motivação e articulação das pessoas de um grupo em torno de objetivos comuns. Em outras palavras:

> O gestor é aquele que desenvolve os planos estratégicos e operacionais (...) e implementa e coordena a execução desses planos (grifo nosso) ao líder cabe a função de incentivar as pessoas da organização a se identificarem com esses planos e contribuírem para sua realização, visando ao melhor interesse da organização (Bento; Ribeiro, 2013, p. 19-20).

Considerando as definições anteriores, fica evidente o desafio enfrentado pelo coordenador pedagógico, que ocupa uma posição de gestor com uma liderança formal atribuída pelo seu papel técnico-pedagógico na escola, mas que precisa conquistar a legitimação e o reconhecimento dessa liderança entendida como competência. Um dos aspectos importantes para a construção dessa liderança é a habilidade de estabelecer relações interpessoais assertivas, ou seja, a capacidade de desenvolver bons relacionamentos no ambiente de trabalho.

No contexto profissional, a liderança também deve ser respaldada pela inteligência, domínio, autoconfiança, energia e atividade, além do conhecimento na área de atuação (Regato, 2014). Também são necessárias habilidades e competências profissionais condizentes com as responsabilidades do cargo, amparadas sobre uma sólida base teórica. Tudo isso deve apontar para a compreensão das experiências e vivências cotidianas. Quanto mais legitimada pelo grupo for a sua liderança, maior será a capacidade do coordenador inspirar práticas de sucesso (Souza; Placco, 2017).

Nesse cenário, o desafio é transcender a fragmentação e promover a cooperação. É importante que o coordenador compreenda as contribuições da psicologia e das teorias dos grupos sociais, pois isso será uma ferramenta valiosa para ajudá-lo a conhecer o grupo, entender as pessoas e, assim, trabalhar na construção de um novo grupo do qual ele passa a fazer parte.

Como ressalta Souza (2001), é necessário conduzir o grupo para deixar de ser a coleção de indivíduos até sua consolidação como um, no qual as divergências são reconhecidas, respeitadas e superadas em prol de objetivos comuns. Isso implica na criação de vínculos e na promoção de uma atmosfera favorável à realização das tarefas. Afinal, segundo o autor esse trabalho de construção e manutenção de um grupo:

> Não é terapêutico, não visa aos conteúdos do sujeito diretamente, mas ao crescimento do trabalho do grupo, que se constrói pela realização das tarefas relativas ao fazer pedagógico de cada um (Souza, 2011, p. 33-34).

As contribuições de Almeida (2001; 2012; 2015) trazem insights importantes sobre o processo de construção do grupo por meio da intervenção intencional da coordenação pedagógica. Esses recursos são desenvolvidos para melhorar as relações interpessoais e incluem as habilidades de saber olhar, ouvir e falar.

A primeira habilidade refere-se a ser atento e focado em todas as dimensões do outro, buscando conhecê-lo e entendê-lo, cultivando a empatia. É importante ter a capacidade de enxergar além do óbvio e compreender as necessidades e perspectivas dos outros. Já a segunda capacidade envolve a habilidade de escutar ativamente, captando os sentimentos e significados presentes na fala dos interlocutores. É fundamental buscar compreender o que está sendo dito e colocar-se no lugar do outro para estabelecer um diálogo genuíno.

Isso nos leva à última habilidade: saber falar. Não se trata apenas de dominar a língua formal e os aspectos técnicos da comunicação oral, mas, como destaca Almeida (2001), é essencial que a fala do coordenador pedagógico carregue um conteúdo de reconhecimento e conhecimento. Isso implica em ter uma fala reconhecida e legitimada pelos professores, além de trazer conhecimentos que possam subsidiar as ações relacionadas às questões atinentes e pertinentes ao grupo.

A autora apresenta três cuidados a serem observados nesse processo aos quais adicionamos alguns comentários:

- Partir do ponto de referência do interlocutor, ou seja, do professor, para equalizar o vocabulário e os referenciais utilizados na comunicação.
- Conhecer o código do grupo, especialmente quando ele já existia e tinha uma trajetória anterior à chegada do coordenador. É necessário reconhecer os padrões estabelecidos pelo grupo e aprender a lidar com eles, como mencionado anteriormente.
- A atuação do coordenador vai legitimar sua fala, assim como a do professor também é legitimada por suas ações. Portanto, é fundamental acompanhar e conhecer os desafios enfrentados pelos professores no dia a dia e alinhar sua própria ação com seu discurso. O esperado

é que os professores sejam incentivados a definir metas e persegui-las em conjunto, o que só será alcançado por meio da constituição de um grupo coeso, mesmo que a coesão seja um processo lento e desafiador.

Essas orientações destacadas por Almeida (2001) oferecem subsídios valiosos para o trabalho do coordenador pedagógico na construção e consolidação de um grupo coeso, que promova a colaboração e o alcance dos objetivos comuns.

Para promover a articulação entre as pessoas, é fundamental estabelecer conexões por meio das relações interpessoais. As pessoas precisam sentir que são vistas e ouvidas, e ao serem reconhecidas, esperam um diálogo significativo sobre o que compartilham. Esse diálogo deve ser autêntico, compreensivo, empático e respeitoso, focado na construção conjunta e na participação de todos. O olhar, ouvir e falar são ferramentas essenciais para estabelecer essa conexão e articular os indivíduos em um grupo.

Por meio dessas interações diárias no ambiente escolar, é possível extrair elementos, questões e temas que precisam ser abordados para aprimorar o trabalho conjunto. Essa abordagem favorece um ambiente no qual as pessoas se sintam aceitas, valorizadas e ouvidas, com espaço para compartilhar suas experiências, percepções, sucessos e dificuldades.

Até este ponto, exploramos os aspectos que constituem os grupos e suas dinâmicas, assim como a necessidade do coordenador pedagógico em construir o grupo com o qual trabalha. Ele precisa estabelecer sua inserção nesse meio, traçando um caminho para integrá-lo além de sua posição na gestão. Para ser reconhecido e legitimado como uma liderança, o coordenador deve demonstrar habilidades interpessoais, competências e conhecimentos sólidos sobre sua área de atuação.

Por fim, é importante reconhecer que essa relação cotidiana, na qual se desenvolvem os papéis de líder e articulador. É a matéria-prima para a articulação do projeto pedagógico que, por sua vez, é o centro do trabalho docente.

7 DIALOGAR E PLANEJAR

Na coordenação pedagógica, o estabelecimento de espaços colegiados é fundamental para promover o diálogo, a participação e a tomada de decisões. Esses espaços são essenciais para consolidar a identidade do grupo e alinhar os objetivos da equipe. Embora existam diferentes perfis de liderança (autocrático, democrático e liberal), que podem refletir a personalidade dos gestores e líderes, é importante considerar o papel da legislação que orienta nossas práticas profissionais.

A Lei de Diretrizes e Bases da Educação (Lei nº 9.394/1996) estabelece a democracia como um princípio educacional. Portanto, além das preferências pessoais, a gestão democrática exige dos gestores-líderes o desenvolvimento e o cuidado com as instâncias de participação institucional, como conselhos escolares, grêmios estudantis, reuniões com famílias e comunidade, conselhos e reuniões pedagógicas. Esses gestores também têm a responsabilidade de garantir o efetivo funcionamento dessas instâncias.

A democracia como princípio estratégico e operacional requer que guiemos nossa prática com base em relações sociais, institucionais e interpessoais. Na escola, todo esse movimento reflete no ensino e na aprendizagem, contribuindo para a formação de uma cultura escolar aberta e participativa. Portanto, a promoção da gestão democrática nas práticas da coordenação pedagógica é fundamental para fortalecer a educação como um processo coletivo e inclusivo.

As reuniões pedagógicas desempenham um papel importante como espaços de participação, diálogo e construção coletiva do trabalho escolar. Além dos aspectos legais, como o princípio da democracia, o Projeto Político Pedagógico, o Regimento Escolar e as diretrizes curriculares, é essencial que a vivência cotidiana da escola oriente o planejamento dessas reuniões. Dessa forma, é possível pensar em diferentes tipos, cada uma com seus objetivos específicos.

Uma reunião de planejamento, por exemplo, terá características diferentes de uma reunião de estudos, com instrumentos e participantes distintos. No entanto, o foco em ambos os casos será sempre o processo de ensino e as condições de aprendizagem, tornando a abordagem pedagógica fundamental.

Uma condição objetiva para a realização das reuniões pedagógicas na escola é a inclusão de tempo adequado em termos de calendário escolar e horário de trabalho dos professores. Geralmente, os calendários escolares contemplam semanas pedagógicas, abertura do semestre letivo e até mesmo reuniões de formação periódicas envolvendo todos os professores da rede ou por áreas de conhecimento.

No entanto, muitas vezes, a organização e o desenvolvimento do planejamento e da formação no âmbito da escola são negligenciados ou recebem menos importância. É importante observar que a Lei nº 11.738/2008 estabelece um limite máximo de 2/3 da carga horária para atividades de interação com os estudantes, reservando um terço para outras atividades.

Além disso, a carreira de professor na educação básica não é exclusiva, mesmo nas escolas privadas. Muitos professores possuem vínculos em mais de uma escola, seja na mesma rede ou em redes distintas, o que cria desafios para se envolverem profundamente no cotidiano de cada escola.

Isso também afeta o trabalho do coordenador, que precisa articular os professores diante de cenários de fragmentação da presença desses na escola. Tais desafios podem impactar a formação do grupo, que está em constante movimento, assim como conferir certa instabilidade ao ambiente escolar.

A inserção das reuniões pedagógicas no calendário escolar é uma condição fundamental para garantir sua realização de forma consistente e integrada ao trabalho pedagógico. Embora as datas não precisem ser rigidamente estabelecidas com antecedência, é importante que seja exigida a realização dessas reuniões com uma periodicidade semanal ou quinzenal. Nesse sentido, cabe ao coordenador pedagógico conduzir a construção do cronograma das reuniões, seja ele semestral ou anual.

Podemos dizer que há um fluxo genérico de reuniões pedagógicas que podem ocorrer na escola. No início do ano, as reuniões geralmente são direcionadas para aspectos formativos, e as redes de ensino costumam, ou deveriam, promover momentos em que equipes de todas as escolas se reúnam para um ciclo de estudos, geralmente com duração de uma semana.

Esses momentos são importantes para reafirmar as diretrizes das redes de ensino e estimular a construção de uma identidade coletiva que vai além da escola. No entanto, esse formato pode ser limitado, pois nem sempre possibilita o desdobramento das diretrizes em planos de ação da escola e nos planos de ensino de professores.

Portanto, é fundamental que as reuniões pedagógicas na escola, especialmente antes do início das aulas, sejam focadas no planejamento operacional, que envolve a elaboração de planos de ação da escola e os de ensino dos professores. Além disso, é importante realizar uma reunião com as famílias, na qual o coordenador pedagógico será responsável por compartilhar as linhas gerais do trabalho planejado para o ano letivo.

Durante a transição entre as unidades ou bimestres, as reuniões pedagógicas devem ter como foco a reflexão sobre as aprendizagens. Isso envolve a autoavaliação constante dos professores sobre suas práticas de ensino, estratégias e instrumentos de avaliação. Essas reuniões geralmente são denominadas Conselho de Classe.

Independentemente do tipo de avaliação adotada pela escola, é necessário eleger um momento em que as energias estejam voltadas para a dimensão da avaliação. Isso não significa que ela não possa ocorrer em outros momentos, de um modo menos formal. No entanto, uma das razões para realizá-la é a possibilidade de sistematizar a experiência coletiva, o que pode ser feito por meio de registros, memórias ou atas das reuniões.

As reuniões pedagógicas devem abranger diferentes objetivos, de acordo com as necessidades e demandas periódicas e/ou emergentes do cotidiano escolar. Já a realização de reuniões de estudos é importante para aprofundar temas abordados na semana pedagógica e para refletir sobre as práticas em sala de aula, buscando integrar teoria e prática. Elas devem ter uma abordagem formativa, visando ao desenvolvimento profissional contínuo dos professores.

Além disso, as reuniões pedagógicas também devem ser utilizadas para favorecer o planejamento operacional, seja com toda a equipe, por área de conhecimento ou por subgrupos de professores envolvidos em projetos didáticos específicos. O planejamento é essencial para aprimorar as práticas de ensino e garantir que as ações desenvolvidas estejam alinhadas com o Projeto Pedagógico da Escola.

As reuniões de avaliação ao longo do semestre também são fundamentais, pois permitem refletir sobre as ações desenvolvidas e fazer ajustes necessários antes do início de um novo semestre. Essas avaliações podem contribuir para a atualização do Projeto Pedagógico da Escola e para a melhoria contínua do trabalho realizado.

O Encontro Pedagógico, independente do nome dado a esse momento, é uma oportunidade para promover o diálogo entre famílias e professores. É importante que os professores conheçam as famílias e vice-versa, possibilitando conversas sobre aprendizagem e fortalecendo a parceria entre eles na busca pela qualidade da educação.

Ao iniciar o segundo semestre, é relevante planejar as ações considerando o que foi aprendido, realizado e avaliado no semestre anterior. As reuniões de estudos, conselhos de classe, reuniões de avaliação e fechamento do ano são etapas importantes do processo. É necessário levar em consideração as experiências acumuladas ao longo do ano anterior para orientar o início de um novo ano letivo.

Cada tipo de reunião exige estratégias de participação diferentes, e o coordenador pedagógico desempenha um papel fundamental na condução delas. Nas reuniões de início de ano com famílias e responsáveis, por exemplo, além das questões pedagógicas, os aspectos normativos e procedimentais da escola também são abordados. Nesses momentos, outros membros da gestão escolar podem participar com igual protagonismo, visando acolher e integrar as famílias ao projeto da escola.

Já as reuniões pedagógicas são focadas no trabalho docente e na relação com os acontecimentos da escola, sendo uma oportunidade para discutir práticas, trocar experiências e promover o desenvolvimento profissional dos professores. A organização e preparação dessas reuniões são fundamentais para garantir o seu êxito. É importante prepará-las com a elaboração da pauta, que consiste na lista dos assuntos a serem abordados, bem como na organização prévia dos recursos e metodologias a serem utilizados. Nesse processo, é essencial contar com a participação e envolvimento dos professores, para que todos tenham voz e contribuam na definição dos temas a serem discutidos.

Durante a reunião em si, o papel do coordenador pedagógico é colaborar e estimular a participação ativa dos envolvidos. É importante evitar o monopólio da fala e privilegiar a escuta ativa, estimulando perguntas e provocando reflexões, em vez de apresentar respostas prontas. O coordenador também deve ajudar a manter o foco na pauta definida e envolver o grupo na condução e registro da reunião. Este último é fundamental para sistematizar a prática e servirá como base para a reunião seguinte, contribuindo para a evolução e aprimoramento das discussões e ações pedagógicas. Por fim, o pós-reunião é o momento de organizar o registro final do encontro e compartilhá-lo com os participantes.

Em suma, a reunião pedagógica é um espaço de diálogo e participação efetiva dos professores na gestão do Projeto Político Pedagógico da escola. Apesar dos desafios para sua realização dentro da carga horária dos professores, com periodicidade e inserida no calendário escolar, sua importância é indiscutível. Tendo em vista que desempenha um papel central na mobilização da comunidade escolar em diversos aspectos, especialmente no planejamento operacional (didático e curricular), na relação entre a escola e a comunidade, na formação continuada dos professores e no desenvolvimento profissional do coordenador pedagógico.

8 ARTICULAR A AUTOFORMAÇÃO COLETIVA

Quando falamos em reunião pedagógica com caráter formativo, estamos nos referindo a um espaço de encontro e reflexão que tem como objetivo promover a aprendizagem e o aprimoramento da prática pedagógica dos professores.

A intencionalidade é um aspecto fundamental nesse contexto. Embora a aprendizagem ocorra de maneira contínua em nossas vidas, tanto nas relações interpessoais quanto na interação com o ambiente, nem sempre há uma intencionalidade explícita de aprender ou ensinar algo específico. As situações de educação informal e espontânea na vida cotidiana podem proporcionar aprendizados, mas nem sempre são direcionados e sistematizados para o desenvolvimento profissional dos professores.

A formação continuada na escola tem como objeto de aprendizagem a prática pedagógica, ou seja, a maneira como os professores planejam, desenvolvem e avaliam suas ações educativas. Mesmo que os professores desempenhem suas funções diariamente, busquem atualização constante e se envolvam em estudos relacionados à sua área de atuação, a formação continuada oferece um espaço estruturado e intencional para aprofundar, refletir e ampliar seus conhecimentos e habilidades pedagógicas.

A formalização da aprendizagem ocorre por meio da sistematização das experiências vividas, da organização das ideias e da busca por novos olhares e abordagens. Nas reuniões pedagógicas formativas, os professores têm a oportunidade de compartilhar suas práticas, refletir sobre os desafios enfrentados, analisar resultados, explorar novas estratégias e construir coletivamente conhecimentos que possam impactar positivamente o ensino e a aprendizagem dos alunos.

É perceptível que a rotina agitada dos professores e dos coordenadores pedagógicos muitas vezes limita o tempo disponível para uma reflexão mais aprofundada sobre o trabalho realizado. A urgência e complexidade das tarefas diárias podem levar a decisões imediatas, sem uma análise cuidadosa, e até mesmo a práticas repetitivas, sem questionar o que está sendo feito.

Por isso, é fundamental criar espaços de pausa e reflexão para perceber as eventuais contradições entre as ações tomadas e as opções mais radicais. A reunião pedagógica de caráter formativo desempenha um papel importante nesse sentido, oferecendo um momento dedicado à reflexão sobre a prática pedagógica no contexto em que ela ocorre.

É importante ressaltar que a coordenação pedagógica também precisa se considerar em constante processo de formação, mesmo que sua função seja articular, facilitar e sistematizar a formação continuada na escola. A formação em contexto, como definem Placco e Souza (2018), reconhece que o coordenador pedagógico também está em processo de aprendizagem e desenvolvimento profissional.

O objetivo das reuniões pedagógicas de caráter formativo é a construção, execução e aperfeiçoamento do projeto pedagógico da escola, colocando a prática em foco. Essas reuniões se diferenciam de outros encontros que envolvem professores e coordenadores, como reuniões com famílias e responsáveis, por sua abordagem formativa. Mesmo quando o objetivo é avaliar as ações do semestre ou fazer planejamento operacional, essas reuniões devem ter uma perspectiva formativa, estimulando a reflexão sobre a prática.

Além disso, é necessário criar momentos explícitos de autoformação coletiva. Por exemplo, durante uma reunião de Conselho de Classe, se os resultados da avaliação indicarem dificuldades significativas de aprendizagem em História para mais de 50% dos estudantes de uma turma, será necessário aprofundar a compreensão desse cenário e buscar estratégias para revertê-lo. No entanto, em uma reunião em que é preciso discutir sobre todas as turmas, o tempo não permite aprofundamentos. Nesses casos, é fundamental reservar momentos formativos adicionais para analisar as hipóteses, definir estratégias e promover ações mais direcionadas.

Além disso, a reunião pedagógica com caráter formativo representa um espaço intencional e estruturado de aprendizagem, no qual os professores têm a oportunidade de sistematizar suas experiências, refletir sobre sua prática e buscar novas formas de atuação pedagógica. Esses momentos contribuem para o aprimoramento profissional e para o desenvolvimento de práticas educativas mais efetivas.

Para elaborar um Plano de Formação Continuada, é necessário equilibrar as demandas da Rede de Ensino, que podem estabelecer temáticas para o ano letivo, com as demandas emergentes do cotidiano escolar. O plano deve ser flexível o suficiente para abordar tanto as questões previamente estabelecidas quanto aquelas que surgem no dia a dia e exigem aprendizagem para transformar a ação.

No caso das demandas emergentes, é importante refletir sobre elas, estudá-las e buscar caminhos para resolvê-las. Por exemplo, se uma escola não dispõe de espaço para o recreio e atividades de educação física, isso pode afetar a aprendizagem e o desenvolvimento das crianças, bem como o trabalho dos professores. Nesse caso, seriam necessários encontros para analisar a situação, estudar e encontrar estratégias para enfrentar o problema e assim minimizar suas consequências na aprendizagem.

Além disso, o plano de formação deve incluir a socialização de práticas entre os professores, permitindo um "efeito demonstrativo" em que experiências bem-sucedidas sejam compartilhadas. Também é possível contar com a participação de convidados com expertise nas temáticas abordadas, não para impor soluções prontas, mas para fornecer conhecimentos que possam ajudar a equipe a compreender melhor a realidade.

É consensual na literatura que a formação não deve se limitar ao conhecimento acadêmico ou ao formalismo de estudos desconexos com as situações emergentes. Isso não significa abandoná-los, mas sim conectá-los às realidades vivenciadas pelos professores. O objetivo é fortalecer o perfil do professor pesquisador, que utiliza tanto os conhecimentos teóricos quanto as experiências práticas para aprimorar sua atuação.

Portanto, o Plano de Formação Continuada deve ser construído considerando o equilíbrio entre as demandas da Rede de Ensino e as demandas emergentes, promovendo a reflexão sobre a prática pedagógica, a socialização de experiências entre os professores e a conexão entre o conhecimento acadêmico e as realidades docentes.

Ainda sobre a conexão de conhecimentos acadêmicos/científicos e as realidades cotidianas, podemos citar um exemplo prático de uma situação vivida em uma determinada instituição em que enfrentávamos o desafio dos conflitos em sala de aula, que popularmente chamamos de "indisciplina". Ficávamos nos questionando sobre como resolver os conflitos que surgiam entre os estudantes, inclusive casos de agressão física.

Aqui um breve parênteses para trazer Vasconcellos (2019) que nos diz que diante das situações recorremos às estratégias que conhecemos. Então, era comum que os professores e seus estagiários, ao se depararem com conflitos em sala de aula, fazerem o que, muitas vezes, viram seus próprios professores fazerem ao longo de suas vidas escolares: encaminhar os envolvidos no conflito para a sala da coordenação pedagógica ou para conversar com a psicóloga.

No exemplo citado, então, tínhamos a realidade cotidiana de um lado, desconectada das contribuições existentes sobre fundamentos, e do outro as práticas de mediação e resolução de conflitos. E como encurtamos essa distância? Criando pontes.

Para reverter a situação em que os conflitos na escola eram transferidos para a coordenação pedagógica ou para outros profissionais, foi necessário que a coordenação, apoiada pela equipe gestora, desempenhasse um papel ativo no desenvolvimento de estratégias para lidar com essas situações e promover uma cultura de resolução de conflitos na escola. Aqui estão algumas medidas que foram adotadas:

1. **Formação:** novamente, é importante que a coordenação promova a formação dos professores em relação aos problemas e desafios que surgem no cotidiano escolar. No caso em questão foram promovidas reuniões formativas sobre o manejo de conflitos e mediação de situações problemáticas na sala de aula. Isso incluiu o desenvolvimento de habilidades de comunicação, resolução de conflitos e técnicas de mediação. Convidamos pesquisadores e profissionais com experiências e conhecimento sobre a temática, realizamos estudos, e assim construímos uma estratégia própria para lidar com o conflito na nossa realidade específica.

2. **Orientação e suporte:** a coordenação pedagógica deve estar disponível para orientar e apoiar os professores diante dos desafios. Isso pode incluir reuniões individuais ou em grupo, nas quais os professores possam discutir casos

específicos e receber orientações práticas sobre como lidar com eles de forma construtiva, mas também um acompanhamento individualizado, inclusive na atuação em sala de aula.

3. **Desenvolvimento de estratégias preventivas:** a melhor estratégia para controlar o fogo é evitar que ele comece. Dessa forma, fortalecemos toda equipe escolar não apenas para lidar com os conflitos quando eles surgem, mas para trabalhar na prevenção dessas situações, incentivando a criação de espaços de diálogo na sala de aula, promovendo atividades de construção de vínculos entre os estudantes e fornecendo suporte para o desenvolvimento de habilidades socioemocionais de professores e alunos.

4. **Abordagem educativa:** acreditamos que soluções e estratégias que empoderam as pessoas dão melhores resultados, pois são capazes de criar pertencimento. No caso dos conflitos, em vez de adotar uma abordagem punitiva, buscamos uma educativa diante dos conflitos, ajudando os alunos a compreenderem as consequências de suas ações, estimular a empatia, promover a reflexão sobre o impacto de seus comportamentos e incentivar a resolução de problemas de forma colaborativa. Se a ação ficasse apenas no âmbito da gestão e dos docentes, sem envolver os estudantes e demais educadores, uma nova cultura não seria desenvolvida.

5. **Parcerias com outros profissionais:** em alguns casos, pode ser necessário o envolvimento de outros profissionais, como psicólogos, assistentes sociais ou mediadores. A coordenação pode trabalhar em parceria com esses profissionais, compartilhando informações e desenvolvendo ações conjuntas para lidar com os conflitos de forma mais efetiva.

Para finalizar o exemplo, os resultados da **ação sistemática de autoformação coletiva** foi a diminuição das situações de conflito. Os professores sentiram-se mais confiantes para lidar com essas situações no âmbito da sala de aula, evitando a transferência de responsabilidade e fortalecendo a autoridade do professor como mediador e facilitador do aprendizado, o que praticamente zerou o número de casos de conflitos em sala de aula levados à direção ou à coordenação pedagógica.

É importante destacar que todo esse processo não aconteceu da noite para o dia. Foram pelo menos dois anos de reflexões constantes. Vocês podem se perguntar por que levou tanto tempo? Além das reuniões semanais para aprender sobre conflito e mediação de conflito, tínhamos muitas outras demandas, como avaliações, planejamento operacional, estratégico e formações por área de conhecimento.

Além disso, a formação e a aplicação do conhecimento até a sua ressignificação e reformulação na prática de cada professor e na instituição como um todo levam tempo. Não podemos impor mudanças de maneira apressada. É um processo que precisa ser construído. A aprendizagem e os resultados dos processos de autoformação coletiva não seriam úteis se apenas a equipe pedagógica, incluindo o coordenador, incorporasse a mediação de conflitos de forma restaurativa na sala de aula. Foi preciso garantir que todos os profissionais estivessem prontos para lidar com eles da mesma forma.

É o que Alarcão (2001) chama de aprendizagem organizacional. Não são apenas os professores e os alunos que aprendem, mas a instituição como um todo precisa aprender a implementar novas práticas. O papel do coordenador pedagógico é ser um **articulador formativo** em busca da melhoria da educação oferecida pela escola.

Ao explorarmos a dimensão articuladora em torno da formação continuada na escola, enfatizamos como o cotidiano está repleto de situações que podem ser estudadas e transformadas com a participação de todos. Cabe a nós, como coordenadores pedagógicos, evidenciá-las e articulá-las como objetos de aprendizagem. Para isso, precisamos ter um olhar analítico, criterioso e adotar uma abordagem problematizadora da realidade, evitando que situações emergentes se tornem comuns e atrapalhem os processos de ensino e aprendizagem.

9 PARTICIPAÇÃO E RELAÇÃO COM AS FAMÍLIAS

A participação também envolve engajamento ativo e colaboração. É necessário que os indivíduos estejam dispostos a contribuir, compartilhar ideias, trabalhar e tomar decisões em conjunto para alcançar objetivos comuns. A participação implica em uma postura ativa, em vez de passiva, de apenas receber informações ou ordens.

Além disso, a participação deve ser inclusiva e democrática, garantindo que diferentes vozes e perspectivas sejam ouvidas e consideradas. Isso significa criar espaços e mecanismos que permitam a participação de todos os envolvidos, independentemente de sua posição hierárquica ou de poder.

Nesse contexto, o conselho escolar desempenha um papel importante na promoção da participação e da gestão democrática nas escolas. O conselho escolar é um órgão colegiado composto por representantes da comunidade escolar, como professores, funcionários, estudantes e pais ou responsáveis. Sua função é deliberar sobre questões relacionadas à gestão da escola, participar da elaboração e avaliação do projeto pedagógico, acompanhar a execução das políticas educacionais, entre outras atribuições.

O conselho escolar oferece um espaço formal e institucionalizado para a participação da comunidade na gestão escolar. Por meio do conselho, as famílias têm a oportunidade de se envolver ativamente nas decisões e no ambiente escolar, contribuindo com suas experiências, demandas e perspectivas. É um mecanismo que fortalece a democracia na gestão educacional e promove a corresponsabilidade entre escola e comunidade.

A função do coordenador pedagógico inclui a articulação e o estímulo à participação da família na gestão escolar, tanto por meio das reuniões como também no âmbito dos órgãos colegiados, como o conselho escolar. O coordenador pode orientar e apoiar os pais na compreensão do papel e importância da participação, incentivando sua atuação nos processos decisórios e contribuindo para a construção de uma gestão democrática e participativa.

Portanto, a participação da família na gestão escolar, por meio do conselho escolar e outros mecanismos, é essencial para fortalecer a gestão democrática, envolver a comunidade na vida escolar e promover uma educação mais inclusiva, participativa e voltada para o interesse coletivo.

De fato, o conceito de participação pode ter diferentes significados e alcances, tanto em níveis macrossociais como nas escolas. É importante considerar que a participação não se limita apenas à democracia representativa, na qual os indivíduos exercem seu direito de voto para eleger representantes. Mas vai além do ato de votar. Envolve o engajamento ativo e efetivo dos diversos atores envolvidos, como profissionais da educação, famílias, estudantes e sociedade civil, na tomada de decisões, no compartilhamento de responsabilidades e na construção coletiva do projeto educativo.

A participação, nesse contexto, implica em um processo contínuo de interação, diálogo e colaboração entre todos os envolvidos, visando influenciar as políticas educacionais, as práticas pedagógicas e a gestão das escolas. Ela busca ampliar as vozes e perspectivas, promover a transparência, a equidade e a coletividade na tomada de decisões.

A intencionalidade mencionada é um elemento importante da participação, pois implica que os participantes tenham clareza de seus objetivos e busquem causar mudanças ou manutenção na realidade educacional. A consciência também é fundamental, pois os envolvidos precisam reconhecer e compreender como suas ações podem impactar a realidade e promover transformações desejadas.

No entanto, é válido ressaltar que a participação não se resume apenas à expressão do poder nas relações pessoais e sociais. Ela envolve a construção de relações de poder mais democráticas, baseadas na escuta ativa, no respeito às diversidades e no fortalecimento da cidadania e dos direitos humanos. Trata-se de uma participação que busca o bem comum, a justiça social e a qualidade da educação.

Portanto, a participação na gestão democrática da educação vai além da simples eleição de representantes. Ela envolve ações intencionais, conscientes e coletivas, com o objetivo de transformar e melhorar a realidade educacional, considerando a pluralidade de atores e suas relações de poder.

Por exemplo, a cada quatro anos, expressamos nossa intenção e apoio a um programa político específico por meio do voto obrigatório, participando assim da "celebração da democracia". Nesse evento pontual, transferimos completamente nosso potencial de participação ao delegar essa responsabilidade a alguns poucos representantes, encerrando nossa contribuição nessa etapa.

É evidente como a disputa pelo significado das palavras, ou seja, a conceituação da realidade, ocorre constantemente. Isso também se aplica ao ambiente escolar. Outro aspecto da participação são os dispositivos, mecanismos e metodologias que possibilitam a participação, estabelecidos por leis, normas e regulamentos. Esses elementos têm a responsabilidade de delimitar, por meio do estabelecimento de critérios, a extensão e o alcance das ações dos participantes.

Quando não há regulamentos ou quando estes são contrariados, muitas vezes as formas e critérios de participação são moldados pela manutenção de uma cultura escolar, como exemplificado na seguinte citação de uma professora sobre o processo de participação em sua escola, compartilhada por Luck (2013, p. 32):

> Assim se pronunciou a professora a respeito: 'em nossa escola, os momentos de participação são para resolver problemas que a diretora ou a Secretaria de Educação desejam resolver. Em geral, sabem o que querem, mas fazem reuniões para convencer a gente ou para identificar resistências. Mais ouvimos que falamos e no fim todo mundo tem a impressão de que a decisão foi coletiva'.

A autora descreve essas situações como um "teatro de participação", caracterizado por uma participação superficial que busca apenas legitimar falsamente as decisões, simplesmente por terem sido apresentadas ao coletivo em uma reunião. Como complemento a essa reflexão, a autora propõe quatro formas de participação: pela presença, expressão verbal, representação política, tomada de decisão e pelo engajamento.

Acreditamos que cada uma dessas formas pode ser integrada àquilo que a autora chama de participação pelo engajamento, ou seja, o envolvimento consciente de cada pessoa com o projeto ao qual está vinculada. Isso é aplicável em todos os contextos, não apenas na esfera escolar. Com base nisso, entendemos que o engajamento é uma síntese resultante da inter-relação de todas as outras formas de participação, as quais, isoladamente, podem ser insuficientes, já que a presença, a expressão, a representação e a participação nas decisões são elementos fundamentais em um processo de busca por uma participação efetiva e direta.

A promoção da participação familiar na escola requer o uso de diversas estratégias, mas, acima de tudo, exige a compreensão de que todas as dimensões da vida escolar estão voltadas para a aprendizagem, afetando diretamente profissionais e estudantes, bem como refletindo nas famílias e na sociedade. Isso, por si só, já justificaria a participação ativa das famílias. No entanto, sendo isso insuficiente, cabe ao Estado conceber mecanismos e aos atores escolares, incluindo o coordenador pedagógico em sua função articuladora, contribuir para o funcionamento deles, como os Conselhos Escolares.

Os Conselhos são espaços destinados à participação representativa da comunidade, e cada ente federado – estados e municípios – deve estabelecer os mecanismos de funcionamento por meio de legislação. Portanto, não é surpreendente que existam municípios sem previsão de conselhos ou outros órgãos colegiados de participação social no contexto escolar. Por outro lado, alguns estados possuem legislações anteriores à Lei de Diretrizes e Bases da Educação Nacional (LDB) de 1996, como é o caso de Pernambuco, cuja Lei que criou os Conselhos Escolares remonta a 1993.

Apesar de não ser um órgão obrigatório, mesmo que sua existência esteja prevista na LDB, o Plano Nacional de Educação (2014 – 2024) estabelece como meta o estímulo, fortalecimento e promoção da criação de Conselhos Escolares, visando ampliar a participação social no sistema educacional.

Você deve estar se perguntando como o coordenador pedagógico se encaixa nisso. Ele participa desses órgãos colegiados? Se sim, qual é o seu papel? Essas perguntas já devem ter sido feitas por muitas outras pessoas em diferentes contextos.

Silva (2012), ao refletir sobre o contexto dos órgãos colegiados na rede escolar paulista, propõe que, utilizando seu papel de articulador, o coordenador pedagógico possa contribuir para a participação da comunidade nos espaços colegiados, estimulando as famílias e abordando, sempre que possível, a importância dessa participação. Segundo o autor:

> Cabe ao coordenador pedagógico, como membro da equipe gestora, ter a clareza de que a participação dos pais reflete a tão esperada integração entre escola e comunidade. No entanto, família e escola são instituições com funções sociais diferentes na educação das crianças (Silva, 2012, p. 83).

Portanto, é fundamental que a família tenha espaço, oportunidade e voz, mas é necessário que todos compreendam seu papel e responsabilidade, especialmente os profissionais da escola, com suas competências técnicas e conhecimento sobre o processo educacional. Nesse sentido, o papel do coordenador é subsidiar os espaços com informações de natureza pedagógica, relacionadas à aprendizagem e ao desenvolvimento dos estudantes, mantendo o foco em sua atuação na articulação, promoção da formação e aprendizagem.

Independentemente da presença de órgãos colegiados, Orsolon (2010) apresenta três diretrizes para a relação entre a escola e a família, mediadas pelos Coordenadores Pedagógicos. Em primeiro lugar, é essencial compreender a diversidade das configurações familiares, pois ignorar essa diversidade pode levar a posturas desrespeitosas e preconceituosas. Em segundo, a autora destaca a importância de conhecer o contexto social, ou seja, reconhecer a perspectiva das famílias e dos estudantes.

Embora possam compartilhar aspectos sociais, econômicos e de classe, nem sempre têm uma concepção de mundo completamente compartilhada pelo grupo familiar.

Lembram-se das nossas reflexões sobre escuta ativa, atenta e diálogo no capítulo dois? Embora estivéssemos discutindo a construção do grupo de trabalho, especificamente a relação entre professores e coordenação pedagógica, esses aspectos são igualmente relevantes para as relações pessoais estabelecidas ou em desenvolvimento na escola, inclusive com as famílias.

Voltando às diretrizes da autora, em terceiro lugar, ela destaca – e podemos dizer que isso está estreitamente relacionado com o ponto anterior – a importância de prestar atenção às concepções educacionais que as famílias possuem. Também mencionamos isso quando discutimos, desde o primeiro capítulo, a integração dos conceitos presentes na escola. Ao abordar a aprendizagem com a família, é crucial compreender o significado atribuído por cada uma das partes. Caso contrário, há um risco significativo de falta de comunicação.

Podemos estabelecer uma conexão entre esses aspectos e os conceitos de Capital Cultural e Capital Social do sociólogo Pierre Bourdieu (2015). Resumidamente, o capital cultural refere-se ao conjunto de conhecimentos formais sobre o mundo que cada pessoa possui, seja por herança cultural, muitas vezes reflexo das condições sociais das famílias, seja por meio da institucionalização, através da escolarização. Geralmente, ambos desempenham um papel, já que todos nós recebemos uma parcela da cultura transmitida por nossa família, refletindo o valor socialmente atribuído a ela, e outra parte pode ser adquirida por meio da aprendizagem formal. Em última análise, assim como o capital econômico, o capital cultural e o social (conjunto de relações sociais herdadas e construídas) são transferidos e mantidos por um processo de sucessão hereditária, contribuindo para a perpetuação das desigualdades sociais.

Portanto, compreender a posição social e cultural das famílias é fundamental para realizar essa mediação. Por fim, Orsolon (2010) destaca que a escola precisa deixar claro e explicitar para as famílias quais espaços estão disponíveis para sua participação, seja por meio de órgãos colegiados, reuniões periódicas, conselhos de classe ou outros mecanismos que se adequem melhor à realidade das famílias e da escola. Afinal, sendo uma das dimensões do trabalho do coordenador pedagógico, a relação com a família não deve ser responsabilidade exclusiva dele.

10 GESTÃO DO COTIDIANO ESCOLAR

Quando falamos em gestão do cotidiano, estamos nos referindo, por um lado, às dinâmicas de organização do trabalho de coordenação, ou seja, como o coordenador lida com as tarefas diárias. Por outro lado, também nos referimos ao exercício de articular esse cotidiano, contribuindo para a compreensão por meio de processos de conexão.

Você pode estar se perguntando: como exatamente se articula o cotidiano? A ideia é compreender o cotidiano como a base para o trabalho de coordenação. Em outras palavras, é buscar entender os problemas, desafios e construir soluções a partir da realidade vivida. E é importante ressaltar que essa vivência não é distanciada, pois o coordenador é parte integrante e construtor desse cotidiano.

Contudo não é o cotidiano apenas a repetição diária de ações por diferentes pessoas que compõem a rotina? Todos os dias, os porteiros abrem as escolas, os professores dão aulas, os estudantes participam delas, e todos desempenham seus papéis? Para evitar essa linha de pensamento, precisamos olhar de forma mais profunda, pois, embora pareça linear à primeira vista, a dinâmica do cotidiano de qualquer instituição reflete e dá vida a uma cultura.

Cultura pode ser entendida como "um sistema complexo de significados que as pessoas usam em cada sociedade para organizar seu comportamento, entender os outros e a si mesmas, e dar sentido ao mundo em que vivem" (Marli, 2010, p. 10). É uma dinâmica de trocas simbólicas, na qual os sentidos e significados atribuídos ao que circula na escola, como eventos, discursos, relações e interações, estão constantemente em movimento.

E qual é o elemento dinâmico presente no cotidiano de qualquer organização, especialmente nas escolas, senão as pessoas? O próprio conceito de pessoa está relacionado a aspectos subjetivos. Suas diferentes formas de ser e estar em relação aos dispositivos e infraestruturas físicas criam o ambiente no qual as normas, regulamentos, papéis e possibilidades de atuação indicam a institucionalização e organização.

A interação entre os indivíduos nesses contextos forma uma cultura organizacional própria, mencionada anteriormente como a parte mais profunda, que pode ser observada a partir de comportamentos que nos ajudam a compreender o clima organizacional (Luck, 2011b).

A escola e seu cotidiano têm sido objeto de numerosas pesquisas devido à riqueza e particularidade dos fenômenos presentes nesse ambiente. Segundo Marli (2010), o maior desafio para os pesquisadores do cotidiano escolar é o fato de muitas vezes não fazerem parte desse contexto. No entanto, esse distanciamento não é um problema para aqueles que estão imersos no ambiente natural da escola e se propõem a observar sua dinâmica com o objetivo de compreender profundamente sua cultura e buscar alternativas para alinhar os objetivos da escola.

Em capítulo anterior mencionamos uma situação de conflito e a trajetória percorrida até a modificação da realidade. Pois bem, como coordenadores, nossa função envolve a articulação e promoção da formação e da aprendizagem, e é essencial que nos interessemos pelo cotidiano como uma fonte na qual devemos buscar os elementos fundamentais para nosso trabalho.

Para gerenciar o cotidiano, tanto no que diz respeito à organização das tarefas da coordenação pedagógica quanto à gestão da cultura escolar, existem métodos, estudos e técnicas específicas que nos auxiliam na organização, coleta e análise de dados nos contextos em que estamos inseridos, como veremos a seguir.

10.1 Tempo, tempo, tempo, tempo (...)

Antes, o tempo era considerado infinito, mas agora o aprisionamos em unidades como anos, meses, semanas, dias, horas, minutos e segundos. Começamos a associá-lo a fenômenos naturais, como a incidência da luz solar e ciclos de plantio, resultando na criação de calendários, agendas e cronogramas. O tempo cronológico é um recurso finito e cada vez mais escasso em nossa sociedade acelerada e hiperestimulada, resultado do fluxo constante de informações e do avanço tecnológico que diminui as barreiras tempo-espaço, permitindo a realização de múltiplas tarefas quase simultaneamente.

Em um cenário como esse, o Planejamento (definir objetivos, criar planos, programar atividades) e a Organização (dividir e compartilhar tarefas) são funções administrativas indispensáveis (Chiavenato, 2021). Sem elas, lidar com a gestão do tempo se torna ainda mais desafiador.

Uma estratégia interessante para auxiliar na gestão do tempo (seu planejamento e organização) é apresentada por Barbosa (2018), que propõe a divisão do tempo em três dimensões ou critérios: 1) o que é importante; 2) o que é urgente e 3) o que é circunstancial. Em outras palavras, ele sugere que listemos as atividades que têm importância em nosso contexto e que têm trazido resultados, em seguida, as que precisamos realizar, mas com prazos apertados ou já vencidos e, por fim, aquelas que surgem repentinamente e podem atrapalhar, criar burocracia ou desviar o foco dos resultados que buscamos.

Com base nessa metodologia, ao identificar qual critério se destaca em nossa prática diária, podemos encontrar maneiras de realinhamento. Por exemplo, se percebermos que as tarefas circunstanciais estão predominando em nossa rotina, ou seja, aquelas que realizamos por conta de uma situação, condição, ambiente ou outra pessoa (Barbosa, 2018), em detrimento das tarefas importantes, será necessário repensar e reorganizar nossa abordagem, priorizando as atividades relevantes e reduzindo a ênfase nas circunstâncias.

O autor destaca que é difícil eliminar completamente as circunstâncias ou a urgência, mas ao conhecermos sua distribuição, podemos evitar que cresçam e se sobreponham. Idealmente, as tarefas circunstanciais devem ter menos espaço no tempo que você dedica, pois, como vimos, elas geralmente estão fora do seu âmbito de responsabilidade. Para isso, reserve um espaço para essas tarefas como possibilidades. Por exemplo, lançar e controlar o uso de recursos financeiros ou materiais utilizados pela escola não é de sua responsabilidade, mas em determinadas circunstâncias, a direção pode precisar de sua ajuda nesse processo.

O problema surge quando não conseguimos estabelecer limites e, por medo de sermos vistos como egoístas, acabamos sendo sobrecarregados com todo tipo de tarefa que nos pedem. Também devemos ter cuidado para não dar prioridade excessiva às demandas urgentes, que são tarefas que devem ser feitas imediatamente e que geram algum tipo de problema se não forem executadas (Barbosa, 2018).

Se nos dedicarmos constantemente a atender apenas demandas urgentes, estaremos sempre agindo reativamente, seja porque alguém precisa de ajuda ou porque uma situação episódica exigiu que interrompêssemos algo importante para resolver algo no momento. As urgências podem surgir, e a diferença entre elas e as circunstâncias reside no vínculo dessas atividades com nossas responsabilidades em geral.

Portanto, com base nas ideias do autor, entendemos que as demandas urgentes estão diretamente relacionadas às nossas atribuições e responsabilidades, mas podem se tornar urgentes por falhas no cronograma ou em outras etapas que envolviam, inclusive, nossa própria tarefa.

Vamos considerar a seguinte situação: como coordenador(a), você é responsável por enviar os boletins dos estudantes às famílias. No entanto, a confecção dos documentos é realizada pela secretaria, e os professores lançam as notas. Você planejou entregá-los no dia 10 e já preparou um comunicado com antecedência, imprimindo-o e aguardando para receber os boletins da secretaria no dia 9. Essa tarefa não é urgente, mas é importante, e você a previu e planejou dentro de suas atribuições. No entanto, durante o processo de confecção, ocorreu uma falha técnica que impossibilitou a impressão. O problema foi resolvido apenas no dia 9, e o material será entregue no dia 10. Nesse caso, podemos considerar que, além de ser uma circunstância imprevista, já que o atraso não foi causado por falha humana, a entrega dos boletins se tornou urgente. Você tentará se envolver até mesmo no processo de impressão para conseguir entregá-los dentro do prazo estabelecido.

Outra situação é quando há uma demanda urgente, como quando a Secretaria de Educação precisa de informações atualizadas sobre o progresso dos estudantes antes do prazo acordado. Você pensava que teria um mês para entregar um relatório, mas agora só tem uma semana. Nesse sentido, Barbosa (2018) nos alerta para evitar que a urgência surja devido a uma má organização, ou seja, negligenciando algo importante, esquecendo-o ou deixando-o para depois, de modo que se torne urgente por falta de atenção aos prazos.

Além disso, a metodologia proposta envolve a compreensão de cinco conceitos. O primeiro é o de "descarregar", que se resume ao uso de diversas ferramentas que nos ajudam a lidar com informações, dados e compromissos, para que não precisemos carregar tudo isso em nossa mente, e muitas vezes nem mesmo em nossas mãos, pois podemos tê-los acessíveis em nossos *smartphones*.

O segundo conceito é o de planejamento, seguido pelo conceito de antecipação, como uma forma de evitar que uma tarefa importante se torne urgente (Barbosa, 2018). É preciso ter cuidado, pois um bom planejamento e organização significam que existe uma relação adequada entre o tempo, na forma de prazos, e a execução das tarefas. Portanto, antecipar pode, de certa forma, significar um desequilíbrio no planejamento.

Não devemos antecipar todas as coisas, pois ao fazer isso, escolhemos erroneamente as prioridades. Então, ao falar em antecipar, devemos entender como evitar a procrastinação. Se concluímos uma atividade antes do prazo e podemos antecipar outra, tudo bem, devemos fazê-lo.

O último conceito consiste em encontrar um equilíbrio não apenas entre os três critérios – importante, urgente e circunstancial – mas também entre as diferentes dimensões de nossa vida, tanto no trabalho quanto fora dele. É positivo quando surgem oportunidades ao longo do dia para ter conversas espontâneas e descontraídas com colegas de trabalho, ou quando nos reunimos para tomar um café e falar sobre assuntos leves.

No entanto, se o trabalho se limitar apenas a esses momentos ou não permitir a expressão da vida como um todo, então não há equilíbrio. Da mesma forma, se o trabalho invadir negativamente a minha vida pessoal, como quando levo trabalho para casa constantemente, ou se a vida pessoal invadir negativamente o trabalho, também não há equilíbrio.

Agora que discutimos um pouco sobre a importância da gestão do tempo e você conhece um autor e um método que podem inspirá-lo a organizar seu tempo com consciência e equilíbrio, vamos abordar a gestão do conhecimento a partir do cotidiano da escola.

10.2 As vivências como objetos de aprendizagens

Nossas experiências vividas sempre podem nos proporcionar aprendizados. No entanto, considerando que a aprendizagem é o cerne da ação coordenativa e que o termo "coordenar" implica em colocar em ordem, organizar e orientar formas de realização, as experiências no contexto escolar precisam ser objeto de curiosidade e reflexão.

Para evitar nos perdermos na avalanche dos acontecimentos cotidianos, é necessário estabelecer um sistema de registros. Ao abordarmos as reuniões, destacamos a importância de construir um sistema organizado, desde a concepção até a divulgação, realização e registros – como memórias ou atas – que mostrem os principais pontos abordados, reflexões, divergências e encaminhamentos.

Sem esse sistema, torna-se mais difícil transformar discussões em ações e, consequentemente, obter resultados. Além disso, repetir constantemente os mesmos tópicos em todas as reuniões por falta de uma sistemática pode gerar uma sensação de desperdício de tempo e inutilidade. Assim como é importante ter uma sistemática para organizar o trabalho individual e o coletivo, como nas reuniões pedagógicas e na gestão do tempo e organização diária, é responsabilidade do coordenador conhecer e desenvolver metodologias de investigação sobre sua realidade.

Nesse sentido, apresentaremos brevemente algumas abordagens metodológicas amplamente utilizadas em pesquisas científicas. É importante ressaltar, desde já, as diferenças de objetivo entre as pesquisas científicas e a utilização de técnicas de pesquisa para compreensão, explicação e resolução de problemas no contexto profissional.

Essa distinção é explicada pelo professor Pedro Demo (2008) em termos de pesquisa como princípio científico e educativo. Este último, segundo ele, está preocupado com a dimensão formativa, pedagógica e de reflexão crítica sobre a prática. Com base nesse princípio, discutiremos algumas abordagens de pesquisa aqui.

Marli (2010) enfatiza a metodologia da pesquisa etnográfica como adequada para o estudo do cotidiano. Essa abordagem baseia-se no princípio da observação participante, ou seja, uma observação ativa que busca inserir o pesquisador no contexto estudado. Uma das principais vantagens é que o coordenador pedagógico já faz parte da realidade que deseja investigar. Essa abordagem requer um registro rigoroso e constante da realidade vivenciada, e dado o contexto de trabalho do coordenador, essa imersão e observação a longo prazo são facilitadas.

Esse registro pode ser feito na forma de um diário, no qual todos os elementos da realidade observada são registrados. Outra técnica valorizada nessa abordagem é a realização de entrevistas aprofundadas. Em contextos de pesquisa científica, dessas entrevistas são geralmente delicadas, inclusive nessa abordagem, pois requerem a construção de uma relação de confiança entre entrevistador e entrevistado, criando uma atmosfera propícia ao diálogo. Nesse aspecto, outra vantagem surge, pois fazendo parte da realidade temos acesso um pouco mais fácil a todos os envolvidos na escola. Podemos ter diferentes diálogos em momentos distintos e, assim, construir uma compreensão das ações e representações dos atores sociais envolvidos (Marli, 2010, p. 15).

Vamos considerar uma situação em que um aluno específico chega frequentemente atrasado à escola. A equipe da portaria percebe isso, assim como alguns professores, e você também observa essa questão. Em uma abordagem imediatista, poderíamos simplesmente chamar o aluno e perguntar o motivo. No entanto, o que isso nos diria se a resposta do aluno for: "não gosto das aulas?" Talvez a conversa possa progredir e aprofundar nas causas subjacentes a essa resposta, ou talvez você apenas diga: "Mas você não pode chegar atrasado, o horário precisa ser respeitado, mesmo que não goste da aula. Vá e não se atrase mais!"

Se adotarmos uma abordagem mais sistemática para lidar com situações cotidianas, com um olhar mais curioso, poderíamos, antes de abordar o aluno, verificar seu desempenho e rendimento nas disciplinas, quais aulas ele mais se atrasa. Precisaríamos ter conhecimento ou buscar informações sobre o contexto fora da escola para entender se a resposta está relacionada ao ambiente escolar, familiar ou a outros fatores. Além de conversar com o aluno – adotando a estratégia de escuta ativa e diálogo aberto – também seria importante dialogar com os professores. Registrar essas conversas, suas impressões e hipóteses sobre o que foi ouvido. Esse processo pode ajudar a compreender a profundidade do problema enfrentado pelo aluno e, a partir daí, encontrar caminhos que vão desde estratégias de acompanhamento e apoio individualizado até a possibilidade de impactar normas da escola ou a prática pedagógica do professor. Só teremos essas respostas se nos dedicarmos à investigação.

Obviamente, existem situações episódicas que devem ser tratadas como tal, mas se abordarmos até mesmo essas situações com curiosidade e interesse, poderemos antecipar a resolução de algo que poderia se tornar uma prática recorrente. Mais do que simplesmente "aplicar" métodos ou técnicas, é importante nutrir uma postura curiosa e investigativa em relação ao que acontece na escola.

Outra abordagem de pesquisa da qual podemos aprender algumas estratégias para explorar nossa matéria-prima a partir da experiência cotidiana é a pesquisa-ação, definida por Stake (2011) como uma metodologia voltada para a compreensão do funcionamento das coisas em nosso próprio campo de atuação. Em outras palavras, é uma metodologia pensada e utilizada por pesquisadores cujo campo de pesquisa é também o seu campo de atuação. Nas palavras do autor: "A pesquisa-ação é o estudo da ação, quase sempre com a intenção de melhorá-la, mas é especial porque é realizada pelas pessoas diretamente responsáveis pela ação" (Stake, 2011, p. 175).

Esse tipo de pesquisa geralmente parte de um problema concreto já identificado, cuja resolução envolve a compreensão e a construção de estratégias pelos próprios envolvidos. E a escola não é um ambiente propício para esse tipo de trabalho autoinvestigativo, autoavaliativo, colaborativo e voltado para a melhoria da sua realidade? Podemos pensar em várias questões problemáticas, como evasão escolar, aprendizagem e participação das famílias na vida escolar dos estudantes. Essas e outras problemáticas, facilmente reconhecidas por seu impacto na estrutura escolar, podem ser abordadas por meio de uma pesquisa-ação.

Franco e Betti (2018) explicam que essa abordagem da realidade tem uma estreita relação com o campo educacional e possui um caráter formativo, pois a pesquisa e a ação estão interligadas como forma de os atores do processo compreenderem e agirem, com base nessa compreensão, sobre a realidade que desejam transformar. O diálogo e o trabalho coletivo estão no centro dessa abordagem.

Essa abordagem, também conhecida como pesquisa participativa, tem como foco a gestão do conhecimento, em contraste com a mera transmissão de informações. Segundo Demo (2008), esta última está relacionada à informação, enquanto as abordagens de construção do conhecimento, por meio de estratégias de participação efetiva dos sujeitos envolvidos na realidade, abrange o esforço de construção e, nesse sentido, a gestão do conhecimento sobre as experiências vividas.

Por fim, outra estratégia de pesquisa direcionada à reflexão sobre os espaços de atuação e, além disso, sobre a organização das experiências, com o objetivo de compreendê-las e fortalecê-las, é a sistematização da experiência.

Holliday (2019) apresenta uma trajetória possível para trabalhar com essa abordagem:

1. Ter clareza sobre o que se deseja sistematizar;
2. Estabelecer o objetivo – o que se pretende alcançar com a sistematização;
3. Identificar o eixo central da experiência a ser sistematizada;
4. Identificar as fontes de informação – onde e com quem encontrar dados sobre a experiência;
5. Estabelecer os procedimentos – passo a passo, como foi realizado o processo de sistematização dessa experiência.

Vamos imaginar uma situação: em uma determinada escola, não havia um grêmio estudantil e os estudantes decidiram se organizar para demandar sua criação. Esse processo levou tempo, talvez seis meses ou até mesmo um ano, mas no final eles conseguiram mobilizar a escola, realizar eleições e agora o grêmio existe e funciona. Você acompanhou todo o processo e até ajudou em alguns aspectos e, agora, percebe os impactos positivos que a existência do grêmio teve na cultura escolar. Então, você pensa que seria bom compartilhar essa experiência com estudantes e coordenadores de outra escola. No entanto, não há nenhum registro escrito sobre as etapas e desafios enfrentados pelos estudantes durante o processo. Essa é apenas uma situação entre muitas em que a abordagem descrita acima pode ser útil.

Ao pesquisarmos nossa realidade, devemos ter cuidado para:

a. Não usar os modelos explicativos, ou seja, as teorias, como fórmulas rígidas para entender nossa realidade. Existe o risco de tentarmos encaixar a realidade em um molde que não lhe é adequado;
b. Não considerar que os fenômenos observados em uma escola representam uma realidade macro que se aplica a todas as outras escolas (Marli, 2010). Ou seja, não devemos presumir que se algo ocorre em nossa realidade, será igual em qualquer outra realidade similar; e
c. Equilibrar a relação entre teoria, prática e teoria.

Devemos entender as teorias como modelos explicativos que nos auxiliam a compreender nossa realidade escolar. Para criar teorias sobre nossa própria realidade, é necessário estar acompanhado de teorias existentes.

11 RESPEITO E VALORIZAÇÃO DA DIVERSIDADE

Neste ponto do livro, já fica evidente a relação entre escola e sociedade, não apenas de uma perspectiva teórico-sociológica, mas na realidade concreta vivida no dia a dia das escolas, com sua especificidade e singularidade, e como essas realidades constituem o material de trabalho da coordenação. Por quê? Simplesmente porque não podemos separar a dimensão da aprendizagem (didático-curricular) do indivíduo em sua relação com o mundo e como essa relação impacta na vida escolar.

A compreensão apresentada aqui contradiz a perspectiva de que a escola é apenas um lugar para ensinar os "conteúdos das disciplinas científicas" e que a educação é responsabilidade exclusiva da família, como se fosse possível isolar as diferentes influências das pessoas, suas concepções de mundo e sociedade, da vida que ocorre na escola. Essa perspectiva, obviamente, reflete uma visão elitista e distorcida da realidade. Não são apenas questões de falta de conhecimento, pois há professores que defendem essa ideia, mas sim uma opção política e pedagógica claramente elitista.

Além disso, os professores, coordenadores e gestores não influenciam a realidade escolar por meio de suas maneiras de ser e estar naquele espaço? E o exemplo não é uma das formas mais poderosas de ensinar, em uma perspectiva mais ampla? Portanto, nos parece impossível separar o ensino dos "conteúdos científicos/formais" da educação como prática humana de socialização do indivíduo em seu grupo social mais amplo. Os próprios conhecimentos científicos, apesar de sua pretensão, não estão acima da sociedade, em uma suposta neutralidade.

Na verdade, há uma maneira de tentar operar essa separação! É apagando as subjetividades, o que há de individual nas pessoas, silenciando suas realidades e estabelecendo algum tipo de padrão hegemônico de vida e comportamento. Transformando a escola em um lugar de silenciamento e alinhamento com uma suposta neutralidade. Como você chamaria essa realidade?

Contudo, pensando bem, se a sociedade fosse assim e moldasse a escola à sua imagem e semelhança, então não haveria separação entre a realidade social e a escola, mas sim a escola como um reflexo da sociedade. Bingo! É exatamente isso que temos. Perceber e compreender a escola como esse lugar no qual a sociedade se reflete e a partir do qual também pode se transformar, tem sido a perspectiva adotada neste livro.

Para abordar a questão da diversidade, é fundamental partir da compreensão da educação como um direito e da sociedade organizada em bases democráticas, concepções presentes na legislação brasileira, como discutido nos capítulos anteriores. Além disso, é importante considerar a perspectiva de articulação assumida pela função coordenativa na escola, com foco na mobilização em torno do Projeto Pedagógico.

Além do que está estabelecido na legislação em relação à educação como direito de todos e à democracia como princípio de gestão, podemos trazer algumas contribuições de Brayner (2008) sobre a relação entre escola e democracia, partindo da concepção republicana de escola. Segundo o autor, essa concepção não foi vivenciada em nosso contexto devido aos rumos de nossa história de colonização, expropriação e escravidão. Essas características influenciaram a concepção de República em nosso país, que, de acordo com o autor, foi uma república sem povo e sem projeto de nação. Além disso, nossos esforços democráticos têm sido frágeis e frequentemente interrompidos por períodos autoritários.

Diante disso, Brayner (2008) questiona a própria ideia de cidadania, que em nossa história tem sido permeada pela manutenção ou conquista de privilégios, em vez do exercício de direitos. Em suas palavras:

> É como se nós – e sobretudo os esquecidos da República – não tivéssemos jamais o direito de opinar sobre nosso próprio destino, [...] uma escola republicana deve atribuir competências referentes à participação dos indivíduos nos debates que decidem suas vidas, é a expressão de uma inquietação: aquela provocada por uma **sociedade que traduz toda diferença em desigualdade e toda desigualdade em hierarquia** (Brayner, 2008, p. 23-24 – grifo nosso).

Nesse contexto, este capítulo aborda a importância de a escola, como local de exercício do direito, garantir o acesso ao conhecimento científico de diversas áreas do saber, condição essencial para intervir no mundo, bem como proporcionar espaço para o exercício da cidadania e participação democrática. É fundamental que a escola não ignore as subjetividades, as trajetórias de vida e os impactos das concepções hegemônicas presentes em nossa sociedade sobre a vida e o processo de aprendizagem dos estudantes. Em outras palavras, os estudantes não devem ser invisibilizados nem silenciados.

Mais uma vez, convidamos Brayner (2008) para nos auxiliar a compreender esse movimento de visibilização. Segundo o autor, só por meio da participação, ação e expressão, não estará isento de conflitos e tensões, uma vez que é próprio de sociedades democráticas, pluralistas e abertas que os sentidos estejam constantemente em disputa. Você lembra de como temos enfatizado a imagem do papel da coordenação em equilibrar as diferentes concepções de mundo e educação presentes no contexto escolar?

Nesse sentido, o esforço da escola deve ser o de se constituir como um lugar de direitos e cidadania, e não como um espaço de injustiça ou perpetuação da exclusão e desigualdade presentes em nossa sociedade. Estamos cientes de que a escola carrega consigo as marcas do racismo estrutural, da reprodução de machismos, da homofobia, da transfobia, do discurso e práticas capacitistas, do preconceito religioso e de classe social, apenas para mencionar alguns aspectos em que a diversidade se converte em desigualdade, discriminação, invisibilidade e silenciamento.

Então qual é o lugar primordial em que essas demandas devem ser abordadas? Exatamente no Projeto Pedagógico da escola. É nesse documento que as diretrizes para abordar essas realidades no contexto escolar devem ser discutidas e concebidas. Como mencionado anteriormente, ao enfrentar essas realidades, a escola tem o potencial de mitigar os efeitos das desigualdades sociais, tornando-se um espaço acolhedor e favorecendo o acesso ao direito de ser e estar no mundo.

Uma pesquisa da Organização para Cooperação e Desenvolvimento Econômico – OCDE (2020), que investigou a aprendizagem precoce e o bem-estar infantil, identificou, entre outros fatores, uma relação direta entre o desenvolvimento socioemocional e as habilidades cognitivas. Por exemplo, crianças que demonstram empatia também apresentam melhores habilidades cognitivas. Além disso, a pesquisa identificou uma relação entre autoconfiança e sociabilidade como habilidades socioemocionais importantes para promover a aprendizagem.

Conforme mencionado anteriormente, fatores externos têm um impacto direto na vida escolar das crianças. Por que seria diferente para os adolescentes e jovens? E por que as escolas não deveriam se preocupar com essas dimensões, considerando que elas afetam a aprendizagem e o direito de conhecer e ter acesso aos conteúdos escolares?

A ação coordenativa não se baseia na eliminação ou silenciamento, mas sim na visibilidade, oportunidade e enfrentamento de tudo o que, em nossa sociedade, transforma diferenças em desigualdades e discriminação. É compreender a educação como um direito, a escola como um espaço de exercício da cidadania, em que as pessoas possam ser e expressar-se apoiadas nos princípios democráticos.

Várias pesquisas destacam como as diversidades ignoradas nas escolas reforçam a desigualdade e geram exclusão escolar e social. Um exemplo é a pesquisa de Santos (2018), que investigou o papel da gestão escolar (sendo a coordenação uma função de gestão) e a LGBTfobia na escola. Segundo a pesquisa, a falta de conhecimento sobre questões de diversidade sexual e de gênero paralisa as gestões escolares diante desse tema, o que resulta em omissão e reforço da discriminação. Além disso, quando as escolas/gestões buscam enfrentar a LGBTfobia, encontram limitações nas políticas públicas da rede de ensino, falta de estímulo para capacitação e recursos para lidar com a discriminação.

A pesquisa também levanta a hipótese de que as orientações (religiosas, sexuais, de gênero) do corpo docente impactam na implementação de ações contra a LGBTfobia. O que você pensa sobre isso? Como sugestão, reflita novamente sobre a escola como um espaço que garante direitos, especialmente os de natureza pública. Nesse sentido, ao falarmos de educação pública, devemos lembrar dos princípios que regem o Estado.

Para concluir este capítulo, citamos as considerações de Souza (2010) para quem a escola deve renunciar à pretensão de alcançar a homogeneidade, uma vez que os diversos grupos que a compõem (docentes, gestores, técnicos, demais trabalhadores em educação, estudantes, famílias) são heterogêneos. Afinal, "trabalhar com grupos, estar em grupo, traz como condição lidar com a diversidade" (p. 106), o que inevitavelmente traz tensões e conflitos.

O conflito parece ser algo inevitável quando reconhecemos a necessidade de não acreditar na homogeneidade, essa ilusão foi mencionada por Souza (2010). Em outras palavras, é a ilusão do universalismo, a concepção de que existe algo universal e comum a todos os seres humanos. Podemos pensar na história do nosso país e nas disputas de narrativas entre descobrimento e invasão. Como já vimos, até mesmo na ciência há disputas, não há neutralidade, há conflito.

Dado que a existência do conflito é inevitável, devemos refletir sobre as maneiras de lidar com ele. Antes de prosseguir, é importante ressaltar que não devemos ignorar a estrutura legal com suas definições de crimes, como racismo, homofobia, violência sexual e de gênero, incluindo o Estatuto da Criança e do Adolescente. A escola deve ser um lugar de cuidado e proteção dos direitos de seus estudantes, professores e demais profissionais.

Por outro lado, devemos ter em mente a importância da interpretação e aprofundamento sobre os significados e causas dos conflitos, agressões e violências decorrentes. Em outras palavras, uma postura reflexiva tende a contribuir mais para a construção de uma cultura de paz, em contraposição às abordagens reativas (não que estas não sejam necessárias, mas não devem ser a regra).

Quando pensamos em conflitos na escola, quais cenas, momentos e ambientes vêm à mente? Quem são os agentes dos conflitos? Quais são suas origens? Sejamos sinceros, raramente consideramos os adultos como agentes ou causadores de situações conflituosas. E as estruturas escolares, suas normas, procedimentos e ambientes? Já consideramos como esse conjunto de elementos pode ser a fonte de diversos conflitos na escola? É comum pensarmos nos conflitos e na violência como algo externo que, infelizmente, um estudante estereotipado traz para dentro dos muros da escola.

No livro *Não violência na Educação*, Jean-Marie Muller propõe reflexões e abordagens realistas sobre essa temática. Em primeiro lugar, ele chama a atenção para as ideologias de exclusão, como o racismo, a xenofobia, a LGBTfobia, o machismo e os fundamentalismos religiosos, que preparam o terreno para a violência, pois criam "o estereótipo do inimigo". O autor também cobra da educação e, diríamos nós, da escola, a função de contribuir para a desconstrução desses estereótipos. É importante ressaltar: a escola é feita de pessoas, então, quando falamos sobre ela, estamos convocando, em primeiro lugar, seus profissionais, chamando-os à responsabilidade.

Em segundo lugar, Muller (2006) propõe que tenhamos uma compreensão clara do significado de conflito, agressividade e violência. Segundo o autor, o conflito surge quando há uma crise entre o desejo e a realidade, quando esta nega ou impossibilita a realização dos nossos desejos. Ele ressalta a importância de evitar abordagens simplistas ao analisar o conflito e adiciona:

> O indivíduo não pode fugir de uma situação de conflito sem abandonar seus direitos. Deve aceitar o confronto, pois é por meio do conflito que a pessoa consegue ganhar o reconhecimento por parte dos outros. O

conflito pode ser destrutivo, é claro, mas também pode ser construtivo. É um meio para se chegar a um acordo, um pacto que satisfaça os respectivos direitos de cada adversário [...] (p. 25).

A busca pelo direito de ser pode gerar conflitos, como mencionado pelo autor, evitá-los pode significar renunciar aos direitos e, ao fazer isso, perpetuar a injustiça que se acredita estar sendo sofrida. O conflito é inerente e inevitável nas relações humanas e traz consigo a discussão sobre a agressividade, a qual pode ser entendida como uma força vital. É possível ser agressivo sem ser violento, expressando indignação, por exemplo. Em outras palavras, a agressividade pode representar a linha tênue entre viver e morrer. Por outro lado, a violência é uma força voltada para a morte, destruição e aniquilação do outro, um "poder que humilha, oprime, insulta e mata" (Muller, p. 33).

Resumidamente, uma cultura de paz consiste em: 1) se opor às ideologias de exclusão; 2) fortalecer ou, nas palavras de Muller (2006), mobilizar "as vítimas da injustiça para a ação, estimulando a agressividade para que sejam capazes de resistir e lutar, ou seja, provocar conflito"; 3) construir uma cultura de mediação de conflitos. Isso pressupõe, evidentemente, a presença de conflitos, diálogo, escuta e esforços para compreender as causas e consequências. Envolve a corresponsabilidade de todos os envolvidos e, acima de tudo, não ignorar o conflito, caso contrário, a violência se tornará inevitável.

Portanto, no processo de mediação de conflitos, é importante: 1) incluir um tópico dedicado a isso no Projeto Pedagógico e no programa de formação de professores e profissionais da escola; 2) conhecer e desenvolver mecanismos de mediação; 3) adotar uma postura investigativa em relação ao contexto do conflito e aos seus agentes; 4) buscar uma justiça de caráter restaurativo. Tais ações e estratégias não garantem o sucesso, mas podem significar um divisor e águas entre a construção de uma cultura escolar pacífica, empática, solidária, justa, democrática, ou o seu oposto, um ambiente e cultura que reproduz as exclusões e perpetua as desigualdades.

12 A TECNOLOGIA NA ESCOLA EM FAVOR DA APRENDIZAGEM

Caso você esteja se perguntando como as tecnologias se encaixam no desenrolar deste livro, logo depois de termos discutido questões desafiadoras e urgentes, como o respeito à diversidade e os conflitos na escola, vamos começar apresentando algumas informações e dados.

Em outubro de 2007, o Estado de São Paulo promulgou a Lei nº 12.730, proibindo o uso de telefones celulares nas instituições de ensino durante o horário das aulas. Essa lei não marcou o início de um conflito que a escola (as pessoas que a compõem) não soubesse como enfrentar, mas certamente foi uma tentativa de estabelecer limites.

Você pode estar pensando: "Mas os *smartphones* podem ser uma distração, mesmo quando não estão conectados à internet. Isso deve ter sido um desafio enorme para a escola naquela época!" Vamos trazer mais uma informação à tona: nos anos 2000, os *smartphones* ainda não eram uma realidade. Os dispositivos mais comuns permitiam fazer e receber chamadas, enviar e receber mensagens de texto e tinham alguns jogos simples, como o Snake.

Com isso em mente, podemos supor que o desafio era menos complexo tanto em relação às diferentes formas de uso concentradas em um único dispositivo, quanto em relação ao potencial pedagógico dele. Sem simplificar a problemática, queremos chamar a atenção para o fato de que a escola, diante do crescimento da popularidade dos celulares e sua integração à sociedade, não conseguiu encontrar caminhos não punitivos ou restritivos para lidar com essa nova realidade.

Em outras palavras, ao se deparar com uma realidade em transformação e não possuir estratégias preestabelecidas para lidar com essa mudança, a escola cria um conflito que, em certa medida, também é um conflito geracional. Prensky (2001) caracteriza esse conflito como sendo entre os Nativos Digitais (termo cunhado pelo autor), aqueles que nasceram em um mundo digital em constante transformação, e os Imigrantes Digitais, aqueles que não nasceram nesse contexto.

Ser um imigrante digital não é fácil; é como começar do zero, com os fundamentos de estilo de vida alterados em muitos aspectos. Mais uma vez, a escola volta-se para si mesma em um movimento equivocado de autopreservação. Considerando que a escola é o lugar onde as novas gerações se inserem na sociedade, a autopreservação deveria significar uma reflexão constante sobre seu papel na sociedade, em vez de se fechar em si mesma.

Por outro lado, diante do desconhecido, a escola se isola, como se não fizesse parte da sociedade, quando na verdade deveria se abrir para ela. Em vez de buscar estratégias para lidar com o desconhecido, ela afirma que não existe outra forma viável, quando o ideal seria desenvolver maneiras de lidar com os conflitos. Parece que a escola não permite que a sociedade externa adentre seu espaço, não reconhecendo a crise como sua, mas atribuindo-a exclusivamente à sociedade. E é nisso, na tensão, no conflito, em que este capítulo se segue à discussão anterior sobre uma escola democrática, que valoriza, reconhece e respeita as diversidades. Mas também todas as demais discussões, sobre o papel de coordenar o trabalho pedagógico, de investigar o cotidiano escolar e sua relação com a sociedade.

Após o caso de São Paulo, vários outros estados seguiram o mesmo caminho, criando legislações restritivas e punitivas, atendendo aos pedidos da escola (mais uma vez, das pessoas que compõem a escola) e demonstrando sua incapacidade de lidar com uma realidade próxima e ao mesmo tempo inimaginável para ela. A partir de 2010, os *smartphones* se tornariam uma realidade e confrontariam a escola mais uma vez, revelando como a proibição talvez tenha apenas impedido a escola de aprender a lidar com a tecnologia de comunicação.

No exemplo de São Paulo, podemos dizer que as escolas perderam anos restringindo a entrada e o uso de celulares nas instalações, quando poderiam ter desenvolvido abordagens diferentes para lidar com essa situação. A escola insiste em não enfrentar a realidade?

Para continuar refletindo e elaborando suas próprias respostas, vamos fornecer mais alguns dados. Em 2016, como resultado da crescente adoção das Tecnologias de Informação e Comunicação (TICs), impulsionada pela popularização da internet e pelo uso de celulares, o Instituto Brasileiro de Geografia e Estatística (IBGE) incluiu essa temática na Pesquisa Nacional por Amostra de Domicílios Contínua (PNAD Contínua). Os dados coletados a partir de 2016 e apresentados em 2018 pelo IBGE já apontavam que 64% das pessoas com 10 anos ou mais utilizavam a internet, sendo a maioria delas estudantes de escolas públicas e privadas. Quando o recorte etário era de 18 a 24 anos, o percentual subia para 85%. A pesquisa também revelou que a maioria das pessoas com 10 anos ou mais que não utilizava a internet o fazia principalmente por não saber como usá-la.

A escola é o lugar do ensino formal. Ensinar o uso da internet e orientar sobre o uso adequado das tecnologias não poderiam ser preocupações e responsabilidades da escola? Esses dados de 2016 já indicavam que ela poderia desempenhar um papel fundamental nesse contexto. Mas a escola já sabia como lidar com essas tecnologias? Elas estavam preparadas para isso?

Vamos adicionar mais alguns dados, desta vez do Censo Escolar de 2016: 62% das escolas públicas do país tinham acesso à internet e apenas 43% possuíam laboratório de informática. No entanto, retomando os dados do IBGE (2018), em 2016, 94,6% das pessoas já acessavam a internet por meio de dispositivos móveis. Enquanto isso, muitas escolas ainda não possuíam acesso à internet e desconheciam o significado de ter um laboratório de informática, mesmo que o uso de computadores fosse uma tecnologia mais antiga. Provavelmente, grande parte dos professores já estivesse familiarizada e utilizado computadores, considerando que a pesquisa indica que 91% das pessoas que trabalhavam na área de Educação, Saúde e Serviços Sociais já haviam utilizado a internet.

Aqui surge mais um problema no contexto: a política educacional voltada para garantir infraestrutura escolar. Enquanto é necessário que as escolas (as pessoas) estejam abertas para enfrentar os desafios impostos pelo contexto social, também é essencial que elas tenham condições de lidar com esses desafios. Parece que não é apenas na área da educação que enfrentamos dificuldades para acompanhar o ritmo das transformações sociais. A seguir apresentaremos algumas estatísticas para podemos ter uma ideia da relação entre o uso das Tecnologias da Informação e Comunicação (TICs) na sociedade e as condições de infraestrutura das escolas a partir de 2016.

Apesar das questões já levantadas sobre a relevância desse tema, vamos acrescentar mais alguns dados, desta vez provenientes das pesquisas TIC Educação, realizadas pelo Centro Regional de Estudos para o Desenvolvimento da Sociedade da Informação – Cetic.br. Embora as pesquisas do Cetic.br sobre o uso de TICs na educação tenham começado em 2010, iremos focar nos dados da pesquisa referente a 2019 (NIC.br, 2021), destacando o papel da coordenação pedagógica em relação ao uso das tecnologias no contexto escolar. Você pode visitar o site do

Cetic.br e ter acesso às pesquisas anteriores e atuais para avaliar como os coordenadores vem se relacionando com a tecnologia.

De acordo com a pesquisa, todos os coordenadores pedagógicos de escolas urbanas, independentemente da renda familiar, faixa etária ou tipo de escola em que trabalhavam (pública ou privada), já haviam acessado a internet em 2019. Ao serem questionados sobre as ações necessárias para a integração de computadores e internet em atividades pedagógicas, 46% mencionaram aspectos infraestruturais, como a ampliação da rede de internet e do número de computadores na escola, confirmando o que foi apresentado anteriormente, com uma diminuição significativa do número de escolas com laboratórios de informática. Por outro lado, 44% apontaram a necessidade de capacitar os professores, enquanto apenas 8% destacaram a importância de desenvolver as habilidades dos estudantes.

Além disso, quando perguntados sobre as ações realizadas pela coordenação para a inserção da tecnologia no contexto escolar, 78% afirmaram ter realizado discussões com os professores, 64% promoveram debates com os estudantes, 52% discutiram o assunto com as famílias e 49% conduziram orientações sobre segurança na internet para elas. No entanto, apenas 41% afirmaram ter realizado alguma formação com os professores.

Além da diferença explícita entre discussões pontuais e formação sistemática, podemos inferir que a falta conhecimento aos coordenadores sobre a integração das tecnologias na escola. A pesquisa revelou que 60% deles participaram de formação sobre diretrizes para o uso de tecnologias em situações de aprendizagem, 47% receberam instrução para o uso de algum software específico de criação de conteúdo, 54% receberam formação sobre o uso de tecnologia na avaliação da aprendizagem e 66% afirmaram ter participado de algum evento relacionado à tecnologia e novas práticas de ensino.

Embora existam muitos outros dados na pesquisa TIC Educação do Cetic.br (2019), é importante ressaltar que o foco da atuação do coordenador é a dimensão da aprendizagem, por meio das dimensões didáticas e curricular, tendo o Projeto Político Pedagógico (PPP) da escola como centro da proposta educativa. A pesquisa questionou se os PPPs das escolas previam o uso das tecnologias, e 85% dos entrevistados responderam afirmativamente, sendo que 71% indicaram que o PPP trazia orientações sobre como essas tecnologias poderiam ser utilizadas. Considerando que o PPP é resultado do trabalho coletivo, se ele prevê o uso das tecnologias, além das questões infraestruturais, o que estaria dificultando o aprofundamento da dimensão formativa desses recursos?

É importante ressaltar que a realidade da relação entre tecnologia e educação passou por transformações significativas e ganhou centralidade no mundo devido à crise sanitária causada pela Covid-19. Na época, as escolas não estavam preparadas, os professores não tinham domínio completo das tecnologias digitais e as crianças e adolescentes também enfrentavam dificuldades, evidenciando que nascer em uma sociedade digital não garante automaticamente competências e habilidades para utilizá-las.

Ao analisar os dados apresentados, podemos constatar que grande parte dessa situação já estava sendo prevista, porém foi negligenciada. Como resultado, houve um agravamento das desigualdades educacionais e sociais entre estudantes de escolas públicas e privadas, apesar dos esforços realizados.

> Agora é sua vez de sistematizar o resultado desta nossa jornada. Ressignificar nossas contribuições e, sobretudo, explorar as diversas pistas e possibilidades deixadas ao longo deste livro.

REFERÊNCIAS

ALARCÃO, Isabel. Do olhar supervisivo ao olhar sobre a supervisão. *In*: RANGEL, Mary (Org.). *Supervisão Pedagógica: princípios e práticas*. 11 ed. Campinas: Papirus, 2001. P. 11-55.

ALMEIDA, Laurinda Ramalho de. A dimensão relacional no processo de formação docente: uma abordagem possível. *In*: BRUNO, E. B. G.; ALMEIDA, L. R.; CHRISTOV, L.H.S. *O coordenador pedagógico e a formação docente*. 13ª ed. São Paulo: Edições Loyola, 2015, p. 78-88.

ALMEIDA, Laurinda Ramalho de. O coordenador pedagógico ante o desafio de articular e mobilizar a equipe escolar para tecer o projeto político pedagógico. *In*: *O coordenador pedagógico e a educação continuada*. 14ª ed. São Paulo: Edições Loyola, 2012, p. 25-36.

ALMEIDA, Laurinda Ramalho de. O relacionamento interpessoal na coordenação pedagógica. *In*: ALMEIDA, L. R. de; PLACCO, V. M. N. de S. *O Coordenador pedagógico e o espaço da mudança*. São Paulo: Edições Loyola, 2001, p. 67-79.

AMARAL, Vera Lúcia do. *A dinâmica dos grupos e o processo grupal*. Natal: EDUFRN, 2007. Disponível em: <http://www.ead.uepb.edu.br/arquivos/cursos/Geografia_PAR_UAB/Fasciculos%20-%20Material/Psicologia_Educacao/Psi_Ed_A10_J_GR_20112007.pdf>. Acesso em: 08 jun. 2021.

BARBOSA, Christian. *A tríade do tempo: um modelo comprovado para organizar sua vida e aumentar sua produtividade e seu equilíbrio*. São Paulo: Buzz Editora, 2018.

BATISTA, Sylvia Helena Souza da Silva. Coordenar, avaliar, formar: discutindo conjugações possíveis. *In*: ALMEIDA L. R. de; PLACCO, V. M. N. de S. *O Coordenador pedagógico e o espaço da mudança*. São Paulo: Edições Loyola, 2001, p. 109-118.

BENTO, António; RIBEIRO, Maria Isabel. *Liderança escolar a três dimensões: diretores, professores e alunos*. Bragança: Ideias em prática, 2013.

BOURDIEU, Pierre. Escritos de educação. 16 ed. Petrópolis, RJ: Vozes, 2015

BRANDÃO, Carlos Rodrigues. *O que é educação*. São Paulo: Brasiliense, 2007.

BRASIL. [Constituição (1988)]. *Constituição da República Federativa do Brasil*. Brasília, DF: Presidência da República. Disponível em: <http://www.planalto.gov.br/ccivil_03/constituicao/constituicao.htm>. Acesso em: 21 mai. 2021.

BRASIL. Decreto de 02 de dezembro de 1837. *Convertendo o Seminario de S. Joaquim em collegio de instrucção secundaria, com a denominação de Collegio de Pedro II, e outras disposições*. Coleção de Leis do Império do Brasil – 1837. Página 59. Vol. 1 pt. II (Publicação Original). Disponível em:< https://www2.camara.leg.br/legin/fed/decret_sn/1824-1899/decreto-36979-2-dezembro-1837-562344- publicacaooriginal-86295-pe.html>. Acesso em: 21 mai. 2021.

BRASIL. Decreto nº 1.331-A, de 17 de fevereiro de 1854 – *Approva o Regulamento para a reforma do ensino primario e secundario do Municipio da Côrte*. Coleção de Leis do Império do Brasil – 1854, Página 45 Vol. 1 pt. I (Publicação Original). Disponível em: <https://www2.camara.leg.br/legin/fed/decret/1824-1899/decreto-1331-a-17-fevereiro--1854-590146-publicacaooriginal-115292-pe.html>. Acesso em: 21 mai. 2021.

BRASIL. Decreto nº 1.556, de 17 de fevereiro de 1855. *Approva o Regulamento do Collegio de Pedro Segundo*. Coleção de Leis do Império do Brasil – 1855, Página 80 Vol. 1 pt. II (Publicação Original). Disponível em: <https://www2.camara.leg.br/legin/fed/decret/1824-1899/decreto--1556-17-fevereiro-1855-558426-publicacaooriginal-79672-pe.html>. Acesso em: 21 mai. 2021.

BRASIL. Decreto-Lei nº 1.190, de 4 de abril de 1939. *Dá organização à Faculdade Nacional de Filosofia*. Coleção de Leis do Brasil – 1939, Página 50 Vol. 4 (Publicação Original). Disponível em: <https://www.planalto.gov.br/ccivil_03/decreto-lei/1937-1946/del1190.htm>. Acesso em: 21 mai. 2021.

BRASIL. Decreto-Lei nº 4.244, de 9 de abril de 1942 [1942a]. *Lei orgânica do ensino secundário*. Brasília, DF: Presidência da República. Disponível em: <http://www.planalto.gov.br/ccivil_03/decreto-lei/1937-1946/Del4244.htm>. Acesso em: 21 mai. 2021.

BRASIL. Decreto-Lei nº 8.529, de 2 de janeiro de 1946. [1946a]. *Lei Orgânica do Ensino Primário*. Coleção de Leis do Brasil – 1946. Página 640. Vol. 1 (Publicação Original). Disponível em: <https://www2.camara.leg.br/legin/fed/declei/1940-1949/decreto-lei-8529-2-janeiro-1946-458442-publicacaooriginal--1-pe.html>. Acesso em: 21 mai. 2021.

BRASIL. Decreto-Lei nº 8.530, de 2 de janeiro de 1946. [1946b] *Lei orgânica do ensino Normal*. Coleção de Leis do Brasil – 1946. Página 646. Vol. 1 (Publicação Original). Disponível em:<https://www.planalto.gov.br/ccivil_03/decreto-lei/1937-1946/del8530.htm> Acesso em: 21 mai. 2021.

BRASIL. Decreto-Lei nº 4.073, de 30 de janeiro de 1942. [1942b] *Lei orgânica do ensino indústria*. Brasília, DF: Presidência da República. Disponível em:< http://www.planalto.gov.br/cciviL_03/Decreto-Lei/1937-1946/Del4073.htm >. Acesso em: 21 mai. 2021.

BRASIL. Lei de 15 de outubro de 1827. *Manda crear escolas de primeiras letras em todas as cidades, villas e logares mais populosos do Imperio*. Coleção de Leis do Império do Brasil – 1827. Página 71. Vol. 1 pt. I (Publicação Original). Disponível em:<https://www.planalto.gov.br/ccivil_03/leis/lim/LIM..-15-10-1827.htm>. Acesso em: 21 mai. 2021.

BRASIL. Lei nº 11.738, de 16 de julho de 2008. *Regulamenta a alínea "e" do inciso III do caput do art. 60 do Ato das Disposições Constitucionais Transitórias, para instituir o piso salarial profissional nacional para os profissionais do magistério público da educação básica*. Disponível em: <http://www.planalto.gov.br/ccivil_03/_ato2007-2010/2008/lei/l11738.htm>, Acesso em: 17 jun. 2021.

BRASIL. Lei nº 13.005, de 25 de Junho de 2014. *Aprova o Plano Nacional de Educação – PNE e dá outras providências*. Brasília, DF: Presidência da República. Disponível em:< http://www.planalto.gov.br/ccivil_03/_ato2011-2014/2014/lei/l13005.htm>. Acesso em: 07 jun. 2021.

BRASIL. Lei nº 4.024, de 20 de dezembro de 1961. *Fixa as Diretrizes e Bases da Educação Nacional*. Coleção de Leis do Brasil – 1961. Página 51. Vol. 7 (Publicação Original). Disponível em:< https://www.planalto.gov.br/ccivil_03/leis/L4024.htm >. Acesso em: 21 mai. 2021

BRASIL. Lei nº 9.394, de 20 de Dezembro de 1996. *Estabelece as diretrizes e bases da educação nacional*. Brasília, DF: Presidência da República. Disponível em:< http://www.planalto.gov.br/ccivil_03/leis/l9394.htm>. Acesso em: 21 mai. 2021.

BRASIL. Ministério da Educação e Cultura. Secretaria de Ensino de 1º e 2º Graus. *Sistema integrado; supervisão escolar, orientação educacional.* 3ª ed. Brasília, 1980.

BRASIL. Ministério da Educação. *Base Nacional Comum Curricular:* Educação é a Base. Brasília: MEC, 2017. Disponível em:< http://portal.mec.gov.br/index.php?option=com_docman&view=download&alias=-79601-anexo-texto-bncc-reexportado-pdf-2&category_slug=dezembro--2017-pdf&Itemid=30192> Acesso em: 07 jun. 2021.

BRASIL. Ministério da Educação; Secretaria de Educação Básica; Secretaria de Educação Continuada, Alfabetização, Diversidade e Inclusão; Secretaria de Educação Profissional e Tecnológica. Conselho Nacional de Educação; Câmara de Educação Básica. *Diretrizes Curriculares Nacionais da Educação Básica.* Brasília: MEC; SEB; DICEI, 2013. Disponível em:<http://portal.mec.gov.br/index.php?option=com_docman&view=download&alias=13448-diretrizes-curiculares-nacionais--2013-pdf&Itemid=30192> Acesso em: 07 jun. 2021.

BRASIL. Regulamento nº 8, de 31 de janeiro de 1838. *Contém os Estatutos para o Collegio de Pedro II.* Brasília, DF: Senado Federal. Disponível em: <https://www2.camara.leg.br/legin/fed/regula/1824-1899/regulamento--8-31-janeiro-1838-561957-publicacaooriginal-85725-pe.html>. Acesso em: 21 mai. 2021.

Brasil. Regulamento nº 8, de 31 de janeiro de 1838. *Contém os Estatutos para o Collegio de Pedro II.* Disponível em: <https://www2.camara.leg.br/legin/fed/regula/1824-1899/regulamento-8-31-janeiro-1838-561957-publicacaooriginal-85725-pe.html>

BRASIL. *Resolução nº 1*, de 15 de maio de 2006. Institui Diretrizes Curriculares Nacionais para o Curso de Graduação em Pedagogia. Disponível em:< http://portal.mec.gov.br/cne/arquivos/pdf/rcp01_06.pdf>. Acesso em: 21 mai. 2021.

BRAYNER, Flávio. *Educação e Republicanismo:* experimentos arendtianos para uma educação melhor. Brasília: Liber Livros, 2008.

BRUNO, Eliane Bambini Gorgueira. Tornar-se professora coordenadora pedagógica na escola pública. *In*: ALMEIDA, L. R. de; PLACCO, V. M. N. de S. *O coordenador pedagógico e o espaço da mudança.* São Paulo: Edições Loyola, 2001. P. 81-86.

CASTANHA, André Paulo. *Edição crítica da legislação educacional primária do Brasil Imperial*: a legislação geral e complementar referente à Corte entre 1827 e 1889. Campinas: Navegando Publicações, 2013.

CHIAVENATO, Idalberto. *Administração para não administradores*: A gestão de negócios ao alcance de todos. 2. ed. – Barueri, SP: Manole, 2011.

CHIAVENATO, Idalberto. *Introdução à teoria geral da administração*: uma visão abrangente da moderna administração das organizações. 5. ed. – São Paulo: Atlas, 2021.

DEMO, Pedro. *Pesquisa Participante*: saber pensar e intervir juntos. 2 ed. Brasília: Liber Livros, 2008.

DURKHEIM, Émile. *Educação e sociologia*. São Paulo: Hedra, 2010.

FERREIRA. Aurélio Buarque de Holanda. *Dicionário Aurélio*. 5ª ed. Editora Positivo, 2010.

FRANCA, Leonel. *O Método Pedagógico dos Jesuítas – O "Ratio Studiorum"* Introdução e Tradução. Rio de Janeiro: Livraria AGIR Editora, 1952.

FRANCO, Maria Amélia Santoro; BETTI, Mauro. Pesquisa-ação: por uma epistemologia de sua prática. *In*: Maria Amelia Santoro FRANCO, Selma Garrido PIMENTA. (Org.). *Pesquisa em educação: a pesquisa-ação em diferentes feições colaborativas*. Volume 4. São Paulo: edições Loyola, 2018, p. 15-24.

GLANZ, Jeffrey. *Chronicling Perspectives about the State of Instructional Supervision by Eight Prominent Scholars of Supervision*. Journal of Educational Supervision. Volume 1, Issue 1, 2018.

GUIMARÃES, Ana Archangelo (Org). *O coordenador pedagógico e a educação continuada*. 14ª Ed. São Paulo: Edições Loyola, 2012.

GUIRALDELLI JR. Paulo. *História da educação brasileira*. 3ª Ed. São Paulo: Cortez, 2008.

HOLLIDAY, Oscar Jara. ¿*Por qué y para qué sistematizar las experiencias de extensión universitaria*? +E: Revista de Extensión Universitaria, 9(11), 3-9. Jul-Dic, 2019.

IBGE. Pesquisa Nacional por Amostra de Domicílios Contínua. *Acesso à Internet e à televisão e posse de telefone móvel celular para uso pessoal:* 2016. Rio de Janeiro: IBGE, 2018. Disponível em: < https://biblioteca.ibge.gov.br/visualizacao/livros/liv101543.pdf>. Acesso em: 28 Ago. 2021.

IBGE. Pesquisa Nacional por Amostra de Domicílios Contínua. *Acesso à Internet e à televisão e posse de telefone móvel celular para uso pessoal:* 2017. Rio de Janeiro: IBGE, 2018. Disponível em: <https://biblioteca.ibge.gov.br/visualizacao/livros/liv101631_informativo.pdf>. Acesso em: 28 Ago. 2021.

IBGE. Pesquisa Nacional por Amostra de Domicílios Contínua. *Acesso à Internet e à televisão e posse de telefone móvel celular para uso pessoal:* 2018. Rio de Janeiro: IBGE, 2020. Disponível em: < https://biblioteca.ibge.gov.br/visualizacao/livros/liv101705_informativo.pdf >. Acesso em: 28 Ago. 2021.

IBGE. Pesquisa Nacional por Amostra de Domicílios Contínua. *Acesso à Internet e à televisão e posse de telefone móvel celular para uso pessoal:* 2019. Rio de Janeiro: IBGE, 2021. Disponível em: <https://biblioteca.ibge.gov.br/visualizacao/livros/liv101794_informativo.pdf>. Acesso em: 28 Ago. 2021.

IMPÉRIO. *Decisão nº 77* – Império. – em 6 de novembro de 1883. Revista HISTEDBR Online, Campinas, SP, v. 12, n. 45e, p. 297-308, 2012. Disponível em:< https://periodicos.sbu.unicamp.br/ojs/index.php/histedbr/article/view/8640124 >. Acesso em: 21 mai. 2021

KLAUS, V. *Gestão & Educação*. 1. ed. Belo Horizonte: Autêntica Editora, 2016.

LIMA, Elma Corrêa de. Um olhar histórico sobre a supervisão. *In*: RANGEL, Mary (Org.). *Supervisão Pedagógica: princípios e práticas*. 11 ed. Campinas: Papirus, 2001, p. 69-80.

LUCK, Heloísa. *A gestão da cultura e do clima organizacional da escola*. 2 ed. Petrópolis: Vozes, 2011b.

LUCK, Heloísa. *A gestão participativa na escola*. 11 ed. Petrópolis: Vozes, 2013.

LUCK, Heloísa. *Gestão educacional: uma questão paradigmática*. 8 ed. Petrópolis: Vozes, 2011a.

MARLI, André. O cotidiano escolar, um campo de estudo. *In:* PLACCO, V. M. N. de S.; ALMEIDA L. R. de. *O Coordenador pedagógico e o cotidiano da escola.* São Paulo: Edições Loyola, 2010, p. 09-19.

MATE, Cecília Hanna. Qual a identidade do professor coordenador pedagógico? In. GUIMARÃES, Ana Archangelo. *O coordenador pedagógico e a educação continuada.* 14ª Ed. São Paulo: Edições Loyola, 2012. p. 19-24.

MULLER, Jean-Marie. *Não violência na educação.* 1ª ed. Editora Palas Athena, 2006.

NIC.br. *Microdados TIC Educação – 2019 – Coordenadores.* Cetic.br, 2021. Disponível em: < https://cetic.br/pt/arquivos/educacao/2019/escolas-urbanas-coordenadores/ >. Acesso em: 28 Ago. 2021.

OECD. *Early Learning and Child Well-being:* A Study of Five-year-Olds in England, Estonia, and the United States. Paris: OECD Publishing, 2020. Disponível em:< https://www.oecd.org/education/school/early-learning-and-child-well-being-study/early-learning-and-child-well-being-3990407f-en.htm>, Acesso em 20 Ago. 2021.

ORSOLON, Luzia Angelina Marino. O coordenador/formador como um dos agentes de transformação da/na escola. *In:* ALMEIDA, L. R. de; PLACCO, V. M. N. de S. *O coordenador pedagógico e o espaço da mudança.* São Paulo: Edições Loyola, 2001. p. 17-26.

ORSOLON. Luiza Angelina Marino. Trabalhar com as famílias: uma das tarefas da coordenação. *In:* PLACCO, V. M. N. de S.; ALMEIDA L. R. de. *O Coordenador pedagógico e o cotidiano da escola.* São Paulo: Edições Loyola, 2010, p. 117-183.

PERNAMBUCO (Estado). Lei nº 11.014 de 28 de dezembro de 1993. *Dispõe sobre a criação dos Conselhos Escolares nas Escolas da Rede Estadual de Ensino.* Disponível em:< http://legis.alepe.pe.gov.br/texto.aspx?id=6262>. Acesso em: 28 jul. 2021.

PERRENOUD, Philippe. *Dez novas competências para ensinar: convite à viagem.* Porto Alegre: Artmed, 2014. [recurso eletrônico]

PLACCO, Vera Maria Nigro de Souza; ALMEIDA Laurinda Ramalho de; SOUZA, Vera Lucia Trevisan de. O coordenador pedagógico (CP) e a formação de professores: intenções, tensões e contradições. *In: Estudos & Pesquisas Educacionais –* Fundação Victor Civita, 2010. p. 227-287.

PLACCO, Vera Maria Nigro de Souza; SOUZA, Vera Lucia Trevisan de. O que é formação? Convite ao debate e à proposição de uma definição. *In*: ALMEIDA L. R. de; PLACCO, V. M. N. de S. *O Coordenador pedagógico e seus percursos formativos*. São Paulo: Edições Loyola, 2018.

PRENSKY, Marc. *Digital Natives Digital Immigrants*. *In*: PRENSKY, Marc. On the Horizon. NCB University Press, Vol. 9 No. 5, October (2001a). Disponível em:< https://www.marcprensky.com/writing/Prensky%20-%20Digital%20Natives,%20Digital%20Immigrants%20-%20Part1.pdf>. Acesso em: 28 ago.2021.

RANGEL, Mary. Considerações sobre o papel do Supervisor, como especialista em educação, na América Latina. *In*: SILVA JUNIOR, Celestino Alves da Silva; RANGEL, Mary. (org.) *Nove olhares sobre a supervisão*. Campinas: SP, 1997. p. 147-162.

RANGEL, Mary. O estudo como prática de supervisão. *In*: RANGEL, Mary (Org.). Supervisão *Pedagógica: princípios e práticas*. 11 ed. Campinas: Papirus, 2001. p. 57-67.

REGATO, Vilma. *Psicologia nas Organizações*. 4ª edição. São Paulo: Grupo GEN, 2014. [Recurso Digital].

SÃO PAULO (Estado). Lei nº 88, de 8 de setembro de 1892. *Reforma a instrucção publica do Estado*. São Paulo, DF: Assembleia Legislativa do Estado de São Paulo. Disponível em:<https://www.al.sp.gov.br/repositorio/legislacao/lei/1892/lei-88-08.09.1892.html>. Acesso em: 21 mai. 2021.

SÃO PAULO (Estado). Lei nº 12.730 de 11 de outubro de 2007. Proíbe o uso telefone celular nos estabelecimentos de ensino do Estado, durante o horário de aula. Disponível em: https://www.al.sp.gov.br/norma/74333#:~:text=Pro%C3%ADbe%20o%20uso%20telefone%20celular,-durante%20o%20hor%C3%A1rio%20de%20aula.&text=Os%20textos%20contidos%20nesta%20base,%C3%A0%20produ%C3%A7%C3%A3o%20de%20efeitos%20legais. Acesso em: 06 mai. 2024.

SANDER, Benno. *Administração da Educação no Brasil: genealogia do conhecimento*. Brasília: Liber Livro, 2007.

SANTOS, Émerson Silva. *(Des)respeito à diversidade sexual e à identidade de gênero em escolas de Caruaru – PE: a questão da LGBTfobia e os enfrentamentos e/ou silenciamentos da gestão escolar*. Dissertação de Mestrado. UFPE, 2018.

SAVIANI, Dermeval. *Formação de professores: aspectos históricos e teóricos do problema no contexto brasileiro*. Revista Brasileira de Educação. v. 14 n. 40 jan./abr. 2009.

SILVA, Moacyr. A avaliação como recurso articulador do trabalho do coordenador pedagógico: revisitando a experiência dos ginásios vocacionais. *In*: PLACCO, V. N. de S.; ALMEIDA, L. R. de. *O coordenador pedagógico no espaço escolar: articular, formador, transformador*. São Paulo: Edições Loyola, 2015, p. 91-102.

SILVA, Moacyr. Planejar, acompanhar e avaliar: principais atribuições do coordenador pedagógico na instituição escolar. *In*: PLACCO, V. N. de S.; ALMEIDA, L. R. de. *O coordenador pedagógico e a legitimidade de sua atuação*. São Paulo: Edições Loyola, 2017, p. 185-199.

SOUZA, Vera Lucia Trevisan de. O coordenador pedagógico e a constituição do grupo de professores. *In*: ALMEIDA, L. R. de; PLACCO, V. M. N. de S. *O Coordenador pedagógico e o espaço da mudança*. São Paulo: Edições Loyola, 2001, p. 27-34.

SOUZA, Vera Lucia Trevisan de. O coordenador pedagógico e o atendimento à diversidade. *In*: PLACCO, V. M. N. de S.; ALMEIDA L. R. de. *O Coordenador pedagógico e o cotidiano da escola*. São Paulo: Edições Loyola, 2010, p. 93-120.

SOUZA, Vera Lucia Trevisan de; PLACCO, Vera Maria Nigro de Souza. Um, nenhum e cem mil: a identidade do coordenador pedagógico e as relações de poder na escola. *In*: PLACCO, V. M. N. de S; ALMEIDA, L. R. de. *O coordenador pedagógico e a legitimidade de sua ação*. São Paulo: Edições Loyola, 2017, p. 11-28.

STAKE, Robert E. *Pesquisa qualitativa: estudando como as coisas funcionam*. Porto Alegre: Penso, 2011.

TAYLOR, Frederick Winslow. *Princípios de Administração Científica*. 6ª Ed. São Paulo: Atlas, 1966.

TOLEDO, Cézar de Alencar Arnaut de. *Instituição da subjetividade moderna: a contribuição de Inácio de Loyola e Martinho Lutero*. Tese (doutorado) – UNICAMP. Faculdade de Educação, 1996.

VASCONCELLOS, Celso dos S. *Coordenação do trabalho pedagógico: do projeto político-pedagógico ao cotidiano da sala de aula*. 16ª Ed. São Paulo: Cortez, 2019. p. 125-172.

VILELLA, Fábio Camargo Bandeira; GUIMARÃES, Ana Archangelo. Sobre o Diagnóstico. *In*: GUIMARÃES, A. A. et. al. *O Coordenador pedagógico e a educação continuada*. São Paulo: Edições Loyola, 2012, p. 51-65.